小森陽一

ニホン語に出会う

小森陽一

大修館書店

目次

第1部　日本語に出会う

第1章　ことばとの出会い（東京・プラハ／小学校時代）……5
記憶のなかから／プラハのロシア語学校へ／ロシア語の世界とクラス・メイトたち／言語能力と差別／不良の友達

第2章　帰国してから（東京／中学校時代）……22
日本語は言文一致じゃない！／吾輩は猫である……／「国語」への恨み／日本の「国語」と旧ソ連の「ロシア語」／バイリンガルは可能か

第3章　ことばの実践としての政治参加（東京／高校時代）……39
国際情勢の中の個人／高校での学園紛争／文章語で話してもいいの？／アジテーションの言語／『こゝろ』の傷

第4章　「国文科」進学（札幌／大学時代）……56
成績は〈カフカ全集〉／卒業論文―「言文一致」と翻訳／「標準語」と「地方語」の間／文学と歴史の境界で／無知の特権

第2部　日本語と格闘する

第5章　アルバイト教師時代（札幌／大学院生）……77
アルバイトの日々／教師になる／再び『こゝろ』に取り組む／男子校での授業／女子校での展開／進学塾での国語授業／日本語能力の低下と英語

第6章　日本文学を教える（東京／大学教師）……101
同人誌の創刊と大学への就職／卒論指導の悩み／大学で文学を教えると

は／テクストの構造分析／文脈を復元する

第7章　アメリカで日本語と出会う（カリフォルニア／客員教授）……117
アメリカの学生たち／国境の町の日本語／ビバリー・ヒルズの一人芝居

第8章　声と身体で表現する日本語（東京・カリフォルニア）……132
身体と言語の抑圧／個別のコンテクストを／規範の獲得と開かれたことば・身体／他者のことばと身体／「日本語」を組み替える

第3部　日本語を教える

第9章　道場破り――小学校の巻……157
［ライヴ記録］「吾輩は猫である」／三十一匹の猫たち／道場主から

第10章　道場破り――中学校の巻 …… 178
［ライヴ記録］谷川俊太郎「朝のリレー」／ごめん、君たちは大人です／道場主から
第11章　授業というライヴ――高校の巻 …… 195
［ライヴ記録］宮沢賢治「どんぐりと山猫」／授業をセッションとして
●あとがき …… 216

小森陽一　ニホン語に出会う

装幀　南　伸坊

第1部　日本語に出会う

第1章　ことばとの出会い

東京・プラハ／小学校時代

記憶のなかから

人がことばと出会うのはいつなのでしょうか。自分がいま日常的に使っていることばを、いつどのようにして獲得したのかについて、はっきりした記憶を思い起こすのは大変難しいことです。とりわけ、自らの言語獲得の最も初期の過程については、親が詳細な記録でもつけていない限り通常は知ることができません。

このもどかしさは、記憶それ自体の主要な部分が、ことばに負うところが大きい、ということにもかかわっているのではないでしょうか。知覚感覚的な経験は、ことばの力を借りなくても記憶に刻まれているものですが、知覚感覚的な経験それ自体を思い起こすことは、もう一度その経験の中に入り込み、それを生き直すことですから、対象化することは困難です。記憶をその引き出しから自由に出し入れするためには、それを終りと始まりがさだかでないような知覚感覚的印象から、いったんことばによって切り離して枠組みを与え、あるまとまりをもった出来事として他の経験から切りとり、一定の形をもったものにしておかなければなりません。

その意味で、人がまだ十分に自らの経験を言語化する能力を持っていない時期の記憶、個人差はあるとしても、言語能力を獲得しはじめる一歳からおおよそ三歳ぐらいまでの記憶は、私たちにとってきわめておぼろげで明瞭さを欠いたものにならざるを得ないのです。ですから、私たち自身がどのようにことばと出会い、それを使いこなせるようになったかということが記憶の中に残ることは、残念ながら、きわめて稀なこととならざるをえません。

プラハのロシア語学校へ

私の場合、幼少期に、それまで親や家族や社会の中で習得しつつあった、通常「母語」と言われている言語とは異質な言語の中に投げ入れられたために、「母語」を習得するときとそれなりに類似した過程を、一定程度記憶に残す形で保存しておくことができました。

父親の仕事の事情で、私は小学校低学年の段階で、いまはチェコとスロヴァキアに分裂してしまった、旧チェコスロヴァキアの首都プラハで生活することになりました。通うことになった学校は、プラハにあるソヴィエト大使館付属のロシア語学校でした。生徒の大半は、ソ連の大使館員をはじめとする、外交関係の仕事をしている人たちの子どもたちでしたが、プラハには、いくつかの国際組織があり、そこに勤務している各国代表の子どもたちも、その学校に通っていました。授業はすべてロシア語で行われていました。

ロシア語学校に通うことは、日本を出る前から決まっていて、数か月間、家庭教師を頼んで、ロシア語のアルファベットがなんとか識別でき、初歩的な会話の断片ができる、という状態で、いきなりロシア語だけの生活に入ることになりました。思えば、モスクワに着くまでの船と汽車の旅の間、ほとんど使い道のない「ダーイッチェ・ムニェー・スタカーン・ヴァディ」(一杯のお水を下さい)というロシア語がうまく言える、とロシア人にほめられたりしましたが、実践的に役に立つような形でロシア語を操ることはできませんでした。

プラハでの暮らしの当初は、ほとんど非言語的な世界につき落とされたような印象でした。なにより問題だったのは耳の構造で、ロシア語で話される声を、ことばの単位となるような音声として聞き分ける耳を自分は持っていない、ということに唖然としました。とにかく、耳を澄まし、ロシア人の子どもたちが話しかけてくる声に、なすすべもなく応対する、という日々がしばらく続きました。けれども、ことばに対する恐怖感のようなものは、わりとすぐに消えていきました。子どもの世界のありがたさで、ことばを介在させなくても、身振りや手振りといった非言語的な記号、あるいは絵を描くことによって、かなりの意思疎通ができることがわかってきたからです。

たとえば、第一日目で一番困ったのは、トイレの場所がわからなかったことです。がまんの限界まできて、隣の子にしかたなく日本語（?）で「トイレ！　トイレ！」と必死で訴えたのですが、相手はキョトンとしているだけ。たまらなくなって立ちあがって股間をおさえて足をバタバタさせると、ナーンダというようにうなずいて、トイレまで連れていってくれました。ロシア語でも「トイレ」のことは「トゥアレートゥ」と言うのですが、通じなかったのは、私が「エル」の発音を「アール」の音で発声していたからだったようです。

ロシア語の世界とクラス・メイトたち

クラス・メイトたちは当初とても親切で、最初の一週間ぐらいは、カバンの中に入っている学用品の名前を指さしながら教えてくれたり、給食に出てくる食べ物の名前を一つ一つフォークで突き刺しながら教えてくれたりしました。たしかに、現実世界に実在し、目で見ることができ、手で触ったり、舌で味わったり、鼻で嗅ぐことができるモノやコトをめぐることばに関しては、そうやって憶えていくことが可能でした。しかし、ことばの世界には、現実世界で確認できないことばの方が、はるかに多いことは周知のとおりです。そうしたことばの使い方を習得するには、とにかくロシア語を話しているクラス・メイトの一挙手一投足と、そこで発話されている音声との関係を観察し、耳をそば立てつづけるしかありません。ことばが発せられる一つ一つの場面に対して、異様に敏感になり、細かな観（聴）察をする癖がつきました。

おそらく「母語」を習得しはじめるときの、一歳以後の幼児たちも、きっとそのようにして、周囲の大人がことばを発する場面を、はかり知れないような注意力で観察し、どんなときに、どんな状況の中で、どんなことばが発せられ、その結果どんな事態が発生するか、といったようなことを、必死で捉え、記憶の中に書き込んでいるに違いありません。ある場面で使われたことばの意味を、大人たちが説明してくれるわけではありません。ことばの習得は、ことばの意味がわからなくても、とにかくそのことばを実践的に使ってみる体験からはじまるのではないでしょうか。自分の発したことばが周囲の人々に受け入れられたなら、その使い方がまちがっていなかったことを知り、以後、そのような文脈の中で同じことばを使うようになっていくのではないかと思います。

もちろん、子どもの世界では、大人の真似をすることに、多分に遊びや戯れ、あるいはじゃれあいの側面がありますから、さほど苦もなく、大人になってから考えると信じられないほどの複雑な認知操作ができるのだと思いますが、学齢期に達していた私の場合、かなり抑圧が強くかかりました。ことばの使用方法をまちがえると、侮蔑的に嘲笑されますし、突然けんかごしになられたりします。

クラスごとにオーバーやジャンパーを脱いでかけておく「着替え室」で、ある日の帰り際、同じクラスの男の子から「僕のオーバーがどこにあるか君、知らないか」と聞かれて、「知らない」という意味をこめて、「ダー」（ロシア語で「はい」ということば）と答えたのですが、いきなりむこうはけわしい顔になって「どこだ《グジェー》、どこだ《グジェー》」と騒ぎはじめ、こちらが「知らないよ《ニェ・ズナーユ》」といっても、「さっきダーって言ったじゃないか」と、胸ぐらをつかんでくるのです。

そのときは、いったい何がどうなっているのかまったくわからず、ただただ相手の剣幕におそれおののいていただけでした。しばらくして別の男の子が、「君のオーバーをまちがえて着ていっちゃったよ」と戻ってきてくれたので、その場はなんとかなったのですが、胸ぐらをつかんでいた男の子は、「じゃあ、なんで、さっきダーって言ったんだよ」と釈然としない様子でした。その日からしばらくしてわかったのですが、相手は否定形の文で「君《トゥイ》、知らないか《ニェ・ズナーイエシ》？」と聞いてきたのですから、私は、それに対して「ニェット」（いいえ）と答えるべきだったのです。ロシア語の否定形は、動詞に「ニェ」をつけるだけで出来てしまいますから、そこに気をつけていないとだめだということもありますが、否定形の内容に同意する場合には、否定の「ニェット」で答えるという、文法の基本がわかっていなかったのが、失敗の要因でした。家で両親からロシア語を含む欧米語のその特徴を教えてもらった後は、しばらく「ニェ」のついたことばが友達の口をついて出ると、ドキドキしてしまうような状態がつづきました。

ロシア語を聞きとる耳を持つということは、単語を聞き分けるだけでは済まないのだ、ということもびんびんわかっていきます。ロシア語では、複雑な格変化があって、そこにかなり情報量があり、かつ情報の質もそこで決まってくることもあって、単語の語尾がどうなるかについてもかなりの間ドキドキせざるをえませんでした。その意味では、ロシア語をつかう子どもたちの世界において、一種生き残りをかけた闘いといったような緊張感があったわけです。けれども同じような観点から、言語習得期の幼児のことを考えてみると、遊びの要素があるとはいえ、ことばなるものを使用してコミュニケーションをしている大人や年長者の世界に、入れてもらえるかどうかの瀬戸際に日々立たされているわけですから、はかりしることができないほどの緊張の中で、やはり生き残りをかけた日々をおくっている、というふうにとらえた方がいいのではないでしょうか。

おそらく、私たちは大人になってしまうと、あまりに抽象化された、「言語」という観念に縛られすぎるようになるのかもしれません。英語ができない、フランス語ができない、ロシア語ができないということが、あたかも人と人とが意思や感情を伝えあうことのできない、絶対的な条件であるかのように考えてしまいがちになっているわけです。

けれども子どもの世界では、ことばがうまく通じない場合、とにかく身のまわりにあるものや、自らの身体の機能を総動員して、なにがなんでも自分の意思や感情を相手に伝えようとします。「言語」を中心にして考えると「非言語」的と排除されてしまうような、身振り手振りをはじめ、実は信じられないほど豊富な、意思や感情の伝達手段が、私たちの身とそのまわりには存在しているのだと思います。

実は、こうした無手勝流の意思や感情を伝えようとする場で、とても不思議な現象が発生します。子どもですから、頭にあるのは自分の意思や感情を伝えたいということだけで、相手への配慮などをあらかじめ考えたりはしないわけですが、伝えたいと思う気持ちが強ければ強いほど、それが相手に伝わっているかどうかをいちいち確認しなければなりません。確認といってもことばでするわけではありませんから、当然必死で相手の表情や態度を注意して観察するということになります。そして、この応答的な観察をとおして、結果的に相手に向かって自分を開きつつ、相手の立場を類推するという、大人の言う「配慮」と同じ実践が遂行されてしまうことになるのです。

自分の伝えたいことに対して必死であればあるほど、それと同じ強さで、相手の身の側にも想像力をのばしていくことになるのです。私の記憶では、この必死さの度合いで友達になる子と、そうならなかった子との差ができたように思います。こちらに対してそれほど関心がない場合、相手は自分の意思や感情が伝わらないと判断すると、肩をすくめて立ち去っていきます。それに対して、こちらと、どうしてもかかわりを持とうとしている子は、ほとんどしつこさと紙一重の必死さで、さまざまな働きかけをしてきます。その働きかけが抑圧的な押しつけではなく、結果としてはこちらの身にそれなりになってくれてるのだなと思えた子と、友達になっていきました。

言語能力と差別

ここまでの話は、純真な子どもの世界の、いかにも体当たりの美談になっているのですが、現実はもう少し、いや、かなり苛酷です。ロシア語学校の同じクラスで、はじめの頃友達になったポチャポチャしたサーシャ（アレクサンドルの愛称）という男の子は、とても親切でした。私は休み時間や放課後、ほとんどサーシャといっしょにいるようになりました。けれども一か月くらいたつうちに（その頃、だいたい片言で話せるようになっていました）、奇妙なことに気がつきました。私の勉強を手助けする役割をクラスの中で先生から与えられていたマーシャ（マリアの愛称）という女の子が、休み時間に私の机に近づいてくると、それまでいっしょに戯れていたサーシャはそそくさと自分の席に戻ってしまうのです。

マーシャがクラスの中の優等生の一人であることは、なんとなく察していました。先生が何をたずねても、一番に手を挙げていましたし（ロシア語学校での手の上げ方は、ひじを机につけて直角に右手を上げて、その際机の上に置いた左手の指先は右ひじにきちっとつけるという、私から見ると、吹き出したくなるようなやり方でした）、先生から指されると、いかにも自信ありげにスックと立ち上がり、背筋をのばし、三つ編みの髪に大きなリボンをつけた頭をやや後ろにそらしながら、実になめらかな答えをする女の子でしたから。私としてはマーシャにあれこれ指示されるときは、かなり萎縮してもいたわけです。でもなぜマーシャが来ると、サーシャが逃げるようにして自分の席に戻ってしまうのかは、よくわかりませんでした。

周囲の子どもたちの動向には、過剰なまでの注意力で観察を怠らない、という日々を送っていましたから、まもなくある事実に気がつくことになります。それは体育の授業のとき、運動着に着替えて体育館にサーシャといっしょに入っていったときのことでした。更衣室で着替えをすませ、先に体育館に入っていった女の子たちが、ズラッとベンチに座っていました。その前をサーシャがとおると、マーシャが明らかに私でなくサーシャの方に眼をやったうえで、顔をしかめて鼻をつまみ、プイッと横を向いたのです。それとともに、まわりの何人かの女の子も肩をすくめながら、明らかに嘲笑的と思える表情を顔に浮かべながら、互いに眼くばせをしあっていました。

そういえば、私自身も、サーシャといっしょにいるとき、何か変なにおいがするなと思ったこともありましたが、それほど気にとめてはいませんでした。けれどもマーシャのその仕草を見た瞬間、サーシャからただよってくる異臭が、衣類にしみこんで乾きつつあるオシッコのにおいだということに気がつきました。おそらく、まだ夜尿症が残っていたのだと思いますが、オシッコのにおいだ、ということに気がついたその瞬間、私はスッとサーシャから身を引き、少し早足で先に歩を進めていたのです。泣きそうな顔で、眼を伏せているサーシャの顔を眼の横に映しながら。

学年が変わる頃、私はもうサーシャと親しくしていませんでした。それなりに自由にロシア語を操ることができるようになった私は、マーシャを目標にしながら、勉強もでき、体育もできる、ちゃんと机にひじをつけて右手を直角に上げるロシア語学校の良い子を目指すようになっていたのです。

クラスの生徒たちの間には、当然のことながら学校特有の序列が微細なところまでつけられています。おそらくサーシャは、夜尿症をひきずっていることも含めて、その集団の中で底辺に差別化されていたのでしょう。そうであればこそ、ロシア語のできない、細い目で耳が大きい、日本人の子と必死で友達になろうとしてくれたのだと思います。それは、そのときの私が、ロシア語の言語能力において、彼以下だったからです。

子どもは、そうと気づかず、冷酷であり、差別的であり、政治的であり、権力的でもあります。私は、学校の論理に順応しながら、ロシア語の能力を上げていき、集団内の序列を一段一段上に上がっていくことに快感を覚えていくようになりました。これは、低学年であったことが幸いしていたと思うのですが、「ロシア語」の授業では、それまで子どもたちが、親や家族や地域の中で習得してきたロシア語を、あらためて対象化するものでした。語彙のレヴェルでは、各単語のスペルが正しく書けるように、文法のレヴェルでは正しい文章がつくれるよう、格変化をはじめとするあらゆる事項を体系的に学習していくわけですから、「ロシア語」の授業を他の子どもたちと同じようにこなしていけば、学校での言語能力はどんどん上がっていくことになります。

成長過程で自然に習得した言語と、学校の学習をとおして体系的に習得していく学力の言語とは、質的に異なりますから、あるところまで来ると、学力の言語において、ロシア人の子どもより優位に立つこともできるようになります。流暢に話せなくても、スペルや格変化をまちがえないことが「ロシア語」の授業では、「ロシア語」が「よく出来る」ことにつながっていくのです。その頃から私はサーシャが近寄って来そうになるのを察知すると、席を立って教室の外へ出たり、ほかの友だちのところへ話しかけに行ったり、彼を意識的に避けるようになっていきました。サーシャの気持ちを考えてみたことは、ありませんでしたし、自分が避けているサーシャの表情や身の在り方を観察するということもありませんでした。なぜなら、ロシア語を使用することが次第に不自由でなくなった私にとって、まわりの子どもたちをいちいち観察して、相手の思いをそこから読みとる必要はもはやなくなっていたからです。

不良の友達

日本の学校が四月始まりで、ロシア語学校が九月始まりという半年近い落差も含めて、事実上私は学年を一年下げていたことになります。ロシア語の能力がロシア語を母語とする子どもたちとほぼ同じになるに従って、次第に同学年の子とつきあうのが、馬鹿らしくなり、同じ方向に市電で電車通学をしているロシア人の上級生の友達とつきあうようになっていきました。考えてみると、ここにも一種の差別の構造があったことに、事後的に気づきました。ロシア語学校に通っている子供の多数派は、大使官職員か商業省関係の仕事をしている人たちの子弟でしたから、住んでいるところがほぼ同じ、プラハの高級住宅街でした。ですから、みな同じスクール・バスで通学していたわけです。

つまり、市電で電車通学しているということは、日本人である私を含めて、ソ連がチェコスロヴァキアに対して持っていた国際的力関係の恩恵にあずかっていない職種についている親の子どもであるという証しだったわけです。もちろん当時、そんなことを明確に意識していたわけではありません。しかし、すでにスクール・バスに乗り込んだ子どもたちに車窓から見おろされつつ、軽く会釈をしながらも、連れそって市電の駅に向かう電車通学組の心の中には、どこか自分たちがマイノリティーであるといった屈折が共有されており、それが学年を超えて妙な連帯感を生み出していたのだとも思います。そのうちの一人は、一学年上で、ロシア正教会の聖職者を父に持つ子であり、もう一人は母がソ連人で父がチェコスロヴァキアの軍人だった二学年上の子でした。この二人とは、お互いの家に行ったりし、私が帰国するまで親友としてかかわることができました。

私の通っていた学校は、夏休みが三か月近くありました。はじめの一か月は、学校のキャンプがあります。プラハ近郊の川や池、そして小さな湖が点在する避暑地で、集団生活をするわけです。その名も「ラーゲリ」（「強制収容所」という意味で使われるロシア語）でした。まあ、三か月も子どもが家に居たら、親の方は仕事になりませんから、どこかにまとめて収容しておく必要があったのでしょう。それでも残りの二ヵ月は、どうしても家の周辺で生活することになりますから、ロシア語学校の友人たちとは離れてしまうことになります。その頃になって、ようやく近所のチェコ人の子供たちと遊ぶようになりました。

チェコ語は、ほとんどできませんでしたから、広場でサッカーをしたりして遊んでいる近所のチェコ人の子どもたちを、少し離れた丘の上で眺めている、という日々がつづきました。近所の子どもたちの遊びの輪の中に、なかなか素直に入れなかったのは、やはりアジア人としての自分の外見に対して、屈折した思いを抱えていたからだと思います。その頃一番苦痛だったのは、近くのマーケットへの買い物の行き帰りに、複数でいる子どもたちに出くわすことでした。たとえば、冬にキューバからオレンジが入荷すると、マーケットには長蛇の列が出来、一人一個とか二個の割り当てでしか買うことができず、小さかった妹も含めて、母と三人で行列に並ぶことがよくありました。そんなときに、群れている子どもたちに出会うと、必ずといっていいほど、彼らが中国語だと信じている音声、つまりやたらと「チ」の音が多いわけのわからぬ声を浴びせかけられました。たしかに、その地区におけるアジア人は、私たちの家族だけでしたから、珍しいには違いなかったのでしょうが、その「チ」の多い音声に、得体の知れない侮辱のニュアンスがこめられていることに過敏にならざるをえませんでした。

それはまた、自分の内側においても、得体の知れない気持ちが働いていたからでもあったのでしょう。自分が中国人とまちがえられるのが嫌なのか、日本人であるということをわかってもらえないのが嫌なのか、それとも、すれ違いざまに、目の端を指で引っぱって、狐目にして、目の細いアジア人を馬鹿にする彼らの感受性に反発しているのか自分でもよくわかりませんでした。丘の上で、近所の子供たちが遊んでいるのを一人ぽつんと眺めていたわたしに、声を掛けてくれたのは、四歳年上のホンザ（ヤンの愛称）という男の子でした。最初はチェコ語で話しかけてきたのですが、こちらが片言のチェコ語で、「チェコ語はできないけど、ロシア語なら話せるよ」と言うと、こなれてはいないけれど、意味はわかるロシア語で話してくれました。その当時チェコスロヴァキアの学校では、小学校の中学年くらいからロシア語の授業があり、ホンザもそれなりに、ロシア語を使うことができたのです。もちろん、あとになって、チェコ人にとって、ロシア語を使わせられることはドイツ語を使うのと同じくらい屈辱的なことなのだ、ということを知ることになったのですが。

ホンザとは、その後帰国するまで親しくつきあうことになります。彼の友人の何人かから、彼のいないとき、「あいつは不良だから、あまりつきあわない方がいい」と言われたこともありました。たしかに、ホンザはタバコも吸っていましたし、お酒も飲んでいました。近所のタバコ屋では、彼にタバコを売らないので、私が父親に頼まれたことにして、しょっちゅうタバコを買いに行かされました。三度に一度くらいは、自分の小遣いでタバコを買わされていましたが、それでも日本人の小さな男の子と、夏休み中などは毎日のようにつきあってくれ、近くの岩山に小屋をつくって、トム・ソーヤごっこや、西部劇ごっこ（当時プラハではユーゴと西ドイツ合作の西部劇映画が流行し、「荒野の七人」も公開されていました）をしたり、プラハの旧市街の路地を探検したりといった、いろいろな小冒険に誘ってくれるのはホンザしかいなかったのです。

チェコ人の子ども集団の中で、「あいつは不良だ」と呼ばれている子どもが、やはり近所では軽蔑や蔑視の対象になっている、四つも歳下の日本人のガキと仲良くするしかない、というあたりに、いまから考えてみると、子どもの世界に映し出された様々な差別の姿が見え隠れしていたように思えます。

テレビがまだ普及していない時代でしたから、ほぼ週末ごとに映画館に通いました。ちょうど、「プラハの春」と後に呼ばれるようになる自由化が少しずつ進んでいたときでしたから、私が小学校の五年になった頃には、西側の映画もだいぶ入ってくるようになりました。黒澤明の「七人の侍」を見たのも、地元の小さな映画館でしたし、ビートルズの映画が来たときなどは、プラハの中心部の映画館から場末の映画館にフィルムが流れてくるまで、十回近くそれぞれ異なる映画館に見に行ったりしました。

遊びの中で使うチェコ語は、なんとか話せるようになりましたが、読み書きは習わなかったので、新聞の見出しが判読できる程度にしかなりませんでした。

　家の近所ではチェコ語、親とは日本語、学校ではロシア語という生活が一年半ばかりつづくと、頭の中で考える言語はロシア語になっていきました。やはり、学校教育の中で使われる言語が、最も強い支配力をもつのでしょう。この状態が日本に帰ってからもしばらくつづいたために、当初は耳から聞いた日本語を、いったんロシア語に翻訳して理解していました。しかし、帰ってから半年くらいたったある日、朝目覚めてみると、頭の中が日本語になっていて、なんとも不愉快な気持ちになったことをいまでも忘れられません。ことばのシステムが変わると、身体による外界の感じ方も変わってしまいます。ですから、私にとってプラハ時代の記憶は、日本語で語ってもあまり現実感が湧かず、どうしてもロシア語にしたくなってしまうものなのです。

第2章　帰国してから

東京／（小）中学校時代

日本語は言文一致じゃない！

私が日本に帰国したのは、小学校六年生の年末だったので、学校へ行きはじめたのは三学期がはじまってからでした。最初の違和感は、一日目の帰りに感じました。下駄箱から靴を出しているると、ジロジロとこちらを見るみんなの視線に気づきました。はじめは何のことだかよくわかりませんでしたが、みんなが上履きから履きかえている靴は、すべて同じような、いわゆる「運動靴」であるにもかかわらず、私だけが、革靴を履いていたのです。宮澤賢治の『風の又三郎』に出てくる転校生の高田三郎が、「赤い革の半靴をはいていた」ことで、「あいつは外国人だな」と言われてしまうのと、同じまなざしが、私を射すくめていたわけです。

それから二週間ほどたつうちに、あることに私は気がつきました。教室で私が何かを言うたびに、まわりの子が笑いをおし殺しているような雰囲気になり、離れたところでは、あからさまなクスクス笑いが起きていたのです。

私は、自分の使用する日本語に、それなりの自信をもっていました。プラハにいる間中、母親は日本語を忘れさせてはならないと、小学校でやるべき全教科についてかなり熱心に教育してくれましたし、私としても教科書に書いてあることは身につけていたつもりでした。また、ときおりやってくる日本からのお客様を迎えたときも、必ずといってもいいほど、私の使う日本語はきれいだとほめられたものでした。ですから、私としては自分が話す日本語に、何か欠陥があるなどとは思ってもみなかったのです。

ある日、例のクスクス笑いにがまんならなくなった私は、立ちあがって、みんなにむかって、何がそんなにおかしいのか、という怒りをぶつけました。しかし、かえってきたのは教室全体をゆるがすような大笑い。それは、そのとき私の口をついて出たことばが、「ミナサン、ミナサンハ、イッタイ、ナニガオカシイノデショウカ」という、完全な文章語だったからです。つまり、私は、ずっと教科書にかかれているような、あるいはＮＨＫのアナウンサーのような文章語としての日本語を話していたのであり、そのことを笑われていたわけです（このような話しことばを話す人とこれまでで一人だけ出会うことができました。大江健三郎さんのいくつかの小説に出てくるイーヨー＝光さんです）。

その日から私は、周囲の友達がどのような話し方をするのかに、注意深く耳を傾けるようになりました。そして、話しことばとしての日本語が、文章語としての日本語とはおよそ異質なことばであることに、毎日毎日気づかされていくことになります。現代の日本語は「口語体」で、話しことばと書きことばが一致した「言文一致体」である、という教科書に記されたウソに、そのとき身をもって気づかされることになったのです。

たしかに、プラハにいるときも家の中で、父や母とは日本語で会話をしていましたが、考えてみれば、小学生の男の子が、親とそれほどまとまった話をするわけでもなし、また教科書的な「正しい日本語」をしゃべっていたからといって、親としてとがめる理由もなかったでしょうから、私の教科書的文章語としての話しことばは放置されていたわけです。友達の話しことばを観（聴）察するようになった頃、最も奇妙に思えたのは、日本語の話しことばは、決してそれ自体として完結するような、主語と述語がはっきりしたような言い切りの形をとらない、ということでした。言っていることの半分以上を相手にゆだねるような、微妙な曖昧さの中でことばが交わされている、ということは一つの驚きでした。

ある意味では、その時期から、もう一度私は、生活慣習の中で使用される話しことばとしての日本語に、幼児のように、あるいはロシア語学校に入ったばかりのときのように聞き耳をたて、場面にふさわしいことばの使用方法を、コンテクストの中から捉えだそうとしていたのかもしれません。しかし、誰も教えてくれない話しことばの言語使用の規則を、自分で見つけることほどむずかしいことはないのです。

吾輩は猫である……

中学校へ入って日本語の使用をめぐるもう一つの困難に直面することになります。小学校のときのクラスの友人たちは、とりあえずチェコスロヴァキアという、ほとんどきいたことのない国、知っているとすれば体操のチャスラフスカ選手ぐらいという、よくわからないところからやってきたへんな転校生であるということを認知してくれていましたから、まあ少しぐらいおかしなことをしても、あいつならしかたがないと思ってくれる寛容さを示してくれていました。けれども中学に入ると、そうはいきません。生徒たちはいくつかの小学校から来るわけで、しかも、同じ小学校でも別のクラスの子とはつきあっていませんでしたから、私の異常行動は、ことあるごとに摘発されることになります。なにしろ、外見は、肌の色も同じ、眼も細く、鼻も低い、まごうことなき日本人なわけですから、そういう奴が、理解しがたいことやみんなと違った行動をとることは、均一であることが好まれるこの国の学校社会では、ことさら目立ってしまったのです。

日本の中学校での不幸の一つは、ロシア語学校に通い、とりわけ他の社会と比べて濃密なロシア人同士の身体的接触をめぐる生活慣習を内面化してしまっていたところにあります。ロシア人は、出会った人に親しさを表明するために、男性同士でも、女性同士でも、そして男性と女性であっても、正面から肩を抱き合い、頬にキスをしたり、頬を接触させたりします。小学校六年の三学期のときは、ものおじしてもいましたし、自分の話しことばの異様さをめぐって先制パンチを受けていますから、あまり身体的な生活慣習は出ていなかったようです。けれども、親しくなった友人からは、事後的に、つまり中学での私の異常行為が問題視されたさいに、「オレもコモリに抱きつかれてキモチワルカッタよ」という告白をうけました。そう、私は、友だちを増やしたい一心で、少し言葉をかわすようになった男の子にも女の子にも、握手を求め、抱きつき、あまつさえキスをしようとしていたわけです。

もちろん、数回にわたる、異なった相手からの強い拒絶反応によって、日本人は、そのようなことはしないのだということをいやというほど思い知らされましたが、時すでに遅しで、私のまわりには、「抱きつき魔」、「キス男」といった罵倒のことばが飛び交い、「スケベ」、「エッチ」という当時の私には意味のわからぬことばを投げかけられるようになってしまいました。現在では、国語辞典を引くと、「エッチ」という項目がちゃんとあり、「変態のローマ字書きhentaiから頭文字をとったもの(ホントカヨ!?—筆者注)。いやらしい、性的に露骨であること」という説明がついていますが、当時はまだ流行したばかりだったようで、辞書にはのっていませんでした。「スケベ」が漢字で書くと「助平」となるのだということに思い至ることもできず、ついに辞書でこの二つのことばの意味を確認することができずにいました。親しい友人に聞いてみても、曖昧な笑いを浮かべて眉をひそめられるだけでした。日本における通常の人間関係では、身体的な接触は、ただちに性的な意味を持ってしまうこと、さらには性をいやらしいこと、下品なことと感じている人が多いということをつくづく思い知らされました。これはもう、自分の文化的身体をまるごと封印するしかありません。

けれども、それだけでは済みませんでした。異文化としての自分の身体を封印した私は、それなりに操ることができるようになった日本語のことばに頼って友人をつくろうとしましたが、ここでも大きな過ちを犯したようです。

私の通っていたロシア語学校のクラスには、ロシア人以外の子どもが必ずいました。多くはかつての東欧圏の子どもたちでしたが、アフリカ圏やアジア圏の子どもたちもいました。それぞれの国の文化的事情の違いがかなりある時代でしたから（いまの世界的な文化の均質性こそ異常だと思いますが）、生活慣習のレヴェルでお互いに感じる違和感については、きちんと言語化して、お互いに納得しておかないと友達にはなれません。

つまり、おまえのこういうところは好きだからおまえと友達になりたいが、おまえのこういうところはいやだ、というふうに、相手の好きなところときらいなところを明確にしたうえで友達づきあいを始めていくわけです。同じことを日本の中学で、とくに女の子に対しやってしまったことを想像してみてください。一学期の終わる最後のホームルームは「親も言わないようなひどいことを言うコモリクン」についての話し合い（糾弾集会）になりました。友達になることができなかったばかりでなく、平気で面と向かって人の悪口を言う思いやりのない奴だ、ということになってしまったのです。

中学一年生の夏休みが始まる頃には、自分が日本の文化と社会的生活慣習から、完全に浮き上がっていることを自覚しました。その夏休みに、私は読書感想文を書くために、夏目漱石の『吾輩は猫である』を読みました。抱腹絶倒のユーモア小説というふれこみだったので、少しは暗い気分が晴れるかと思っての選択でした。しかし、逆効果で、読みはじめた瞬間から涙が止まらなくなりました。なぜなら、「このネコはボクだ！」と思わざるをえなかったからです。

生まれた直後に、人間という異種によって親や兄弟から引き離され、たった一匹で苦沙弥先生のところに迷い込み、人間のことばはわかるが、こちらからは人間に何も伝えることができず、一度も食べたことのなかったモチを喉につまらせ生き死にの境でもがいているのに、人間たちは「ネコジャ踊り」だと大笑いする、誰一人として自分のことをわかってくれない、そんな物語に読めてしまったのです。

その意味で、「吾輩」が人間世界に対して徹底して批判的になるのもよくわかりました。あいつらが、常識だと思いこんで、あたりまえのこととしてやっているふるまいは、相当におかしなことなんだ、と訴えてくる「吾輩」に、十三歳の私はいちいち同意することができました。人間世界に対する「吾輩」の違和感は、そのまま日本人が自明化している文化的・社会的な暗黙の了解事項に対する私の違和感と重なっていきました。でもそれは決して笑えるような類の同意ではなく、悲惨な状況を愚痴る情なさにおける共感だったのです。もちろん、そのような思いを綴った読書感想文が、どのような末路をたどったかはおわかりでしょう。以来、私は「国語」という教科を呪うようになります。

「国語」への恨み

「国語」という教科が嫌いになった理由は、このはじめての「読書感想文事件」だけではありません。なによりも「国語」という教科の授業時間に、いったい何をやっているのかが、私にはまったくのみこめなかったのです。まずはあの「国語教科書」なるものの、内容のなさとつまらなさ。どの文章もやたらに短くて、中にはつぎはぎになっている文章があったり、尻切れとんぼや頭なしとんぼ、羽なしとんぼのような文章の羅列。それでも中には一つか二つ、読みごたえのある文章もあったけれど、もらった二日目には、全部読み終ってしまえるような教科書と、一年もかけてつきあうのかと思ったら、それだけで退屈になってしまいました。

しかし実際には、私の予想をはるかに上回る退屈さが「国語」の時間には待ち受けていたのです。最も苦痛だったのは、そしてついに理解できないまま終わったのは、あの「段落分け」という作業。「段落」という日本語もよくわからなかったのですが、「教科書」に収録されている文章には、必ず「学習のてびき」とかいう、ほとんど意味不明な短文が付いていて、そこに本文からの引用がある場合、「○○頁○○行目」とか「××頁××段落」という指定があったりしたので、数えてみると、どうも「段落」というのは、活字印刷の文字の並びが一字下がっているところを言うらしく、「ああ、文字が一段落ちているところか……」などと勝手な解釈をして納得しましたが、その瞬間、唖然としました。いったいあの「段落分け」をしなさいと命令した「国語」の教師は何を言っているのだろうか。教科書の頁の上で、誰が見ても明らかな形で、「段落」なるものは分かれているではないか！　いったい何をやれというのか？

そんな私の疑問をよそに、周囲の友人たちは鉛筆を持ち（当時はまだシャープペンシル＝シャーペンは高価な文具で、誰も持っていなかった）、なにやら教科書にしるしをつけているのです。このときほどどうしていいのか、身の置き場に困ったことはありません。その後すぐに、いわゆる「形式段落」が一字下げのところで、それをいくつかまとめたものを「意味段落」と称し、「段落分け」とは、その「意味段落」を見つける作業であるということは理解しました。しかし、この作業のもつ意味については、ついに理解できずじまいでした。そうであるにもかかわらず、どうもこの「段落分け」の作業には、「正解」なるものがあるらしく、教師は、なぜここで分けるのかと得々と説明しているのです。

次にびっくりしたのは、この「段落分け」に従って、「要旨」をまとめよ、と言う課題が出ることです。そんなことをしたら、この文章の面白いところや、大事なことばはみんな消されてしまうのではないか、といった私の心配をよそに、授業は淡々と進んでいきます。貧しいことばを黒板に連ねながら。そして、驚くべきことに、その板書された貧しいことばこそが、試験のときの正解になっていったのです。

小説や物語の「学習のてびき」に必ず出てくる、「このときの○○の気持ちを考えてみよう」とか、「登場人物の心の動きを整理してみよう」といった類の問いにもとまどいつづけました。そもそも、一つの物語の、ある場面における、作中人物の気持ちについて語りはじめたら、ことばはもう無限にでてくるはずです。そうであるにもかかわらず、数十字にまとめられたあたりさわりのない正解が、教師から提示されるのです。どうして、これほどまでに書かれてあることを、まとめ、要約し、単純化し、単一化していくことに、「国語」という教科が向かっていくのか、まったく理解に苦しみました。

日本の「国語」と旧ソ連の「ロシア語」

日本における「国語」に相当する科目は、ロシア語学校では、小学校低学年のときは「祖国の語り《ロードナヤ・レーチ》」という学科と「ロシア語《ルースキイ・ヤズィク》」とに分かれており、高学年になると、「祖国の文学」と「ロシア語」という科目になります。「ロシア語」の授業では、前に述べたように書き取りなどをとおして言葉のスペルを憶え、文法をたたきこまれ、それに基づいた作文をさせられます。この「ロシア語」という科目に相当するものが中学校教育にないことも、私にとっては大きな疑問でした。

他方「祖国の語り」という科目の教科書には、近代ロシア語の基礎を築いたプーシキン以後の著名な表現者の散文や詩が、社会や歴史、自然や人事をめぐるあらゆる領域にわたって収録されていました。つまり、すぐれたロシア語による表現によって、「国語」も「社会」も「理科」もみんな学んでしまうという、一種の総合科目のような要素をもっていた授業だったと記憶しています。

そして「祖国の語り」の授業では、「国語」のような段落分け、要約、主題の発見といった作業は一切ありませんでした。授業の中心は、それぞれの生徒が、教科書に載っている文章を丸ごと暗記して、それを表現力豊かに発表するというものだったのです。定評のあるロシア語の文章や詩を、その形をこわすことなく、自分で操ることのできる表現として身体に刻み込んでしまう方法をとっていたわけです。もちろん、このようなやり方が、唯一の最もすぐれた言語教育の方法だ、と言う気はありませんが、水準の高い言語表現を暗記して再表現するということは、そのことばを自らの言語にしてしまうことにほかなりません。それだけでも一回性の美しさを持つ表現を解体し、反復可能な凡庸なことばにまとめていく作業より、どれだけ有効かわかりません。

「祖国の語り」の授業は、生徒が声を出す場であり、教師は生徒の発表に対し短いコメントをするぐらいでした。それに対して、「国語」の授業では、生徒は沈黙を強いられつづけ、教師が誘導尋問をしたときだけ、あらかじめ予定されていた答えを言うことができる、という何とも息苦しい時間に思えてなりませんでした。

「祖国の文学」の授業は限られた期間しか受けませんでしたが、収録作品に関して批評的な議論を生徒同士ですることはあっても、教師から均質的な解釈を強要されることはありませんでした。私にとって、「段落分け」や「主題の要約」は、一種のクイズのように思えましたし、そのクイズを解く鍵を自分は一切持っていないように感じていました。

けれども、友人から「教科書ガイド」なるものの存在を知らされ、それを購入して読んでみると、学校の国語の授業で板書されることがらが全部載っていることがわかりました。もちろん、なぜそこにとり出されていることがテストでの正解になるのかについては、まったく理解できずじまいに終わりましたが、この「教科書ガイド」を丸暗記して、「国語」のテストの点を取ることはできるようになったのです。そこには、すぐれた日本語表現として教科書に掲載されたであろう本文の、引きちぎれた断片しか残っていなかったにもかかわらず……。

後に、高校で「国語」という教科を教えるようになって、「教科書ガイド」なるものが、それぞれの教科書に、教科書会社が付録としてつけている「教師用指導書」なるものに従ってつくられていることを知り、「国語」という教科の解釈中心主義が、「国語」という市場全体を支配する構造的なものだったことを理解することになります。

バイリンガルは可能か

私の言語能力の形成にとって重要だったのは、「国語」の授業ではなく、中学一年生の頃から通いはじめた、夜間のロシア語の語学教室でした。私のロシア語能力を維持させようという親の配慮だったのですが、この語学教室での体験は、いまからふりかえってもとても貴重だったと思います。その語学教室は「日ソ協会」の運営するもので、初級、中級、上級のコースがあり、あたりまえといえばそれまでですが、私は、大人の人に交じって上級コースに通っていました。後から知ったことですが、そのコースの先生は日本のゴーリキー研究の第一人者の山村房次さんでした。

大人の人といっても、ソ連に行くことになった外交官や新聞記者、ビジネスマン、あるいは大学院生といった、かなり特別な人たちと同級生になってしまったわけです。授業の詳細はよく憶えていませんが、ロシアの歴史を日本でいうと高校生ぐらいのレヴェルの教科書で読み、それに加えて『プラウダ』や『イズベスチヤ』の記事を読んだり、文学書を読んだりしました。また、日本の新聞記事をロシア語に翻訳したり、その時々のニュースをロシア語で語ったりしました。まあ、語学教室用語で言えば、時事ロシア語が中心だったわけです。

この、かなり高い知的レヴェルと言語能力を持った日本人の大人の人たちの中で、ロシア語と日本語の間を行ったり来たりする実践は、私のことばの力を養成するうえで、とても大きな意味を持っていました。あたりまえのことではありますが、ロシア語の能力だけで言えば、外務省のエリートより、中学生の私の方が上でした。ですから、授業のはじまる三十分前くらいに教室に行き、その日の担当になっている人の予習を手伝ったり、忙しい人の場合には、授業の後、喫茶店で翌週の予習につきあったりしていました。ロシアの歴史や文学作品についてはほとんど困らなかったのですが、いわゆる時事ロシア語となるとそうはいきません。具体的な政治や社会や経済にかかわることになると、私の言語能力は、やはり十四歳のレヴェルでしかなく、大人にかなうわけはありませんでした。

しかし、ことは言語能力の優位性をどちらかが確認すれば済む話ではなく、先生に納得してもらえるように予習をしなければならないので、毎時間翻訳をめぐって必死のやりとりになってしまいます。たとえば、時事用語といっても、普通のロシア語でもあるわけですから、私がまず中学生レヴェルの日本語に翻訳します。そのような日本語では、政治、外交、軍事、経済の用語にはなりませんから、相手の大人が、より専門的な難しい日本語に翻訳して返してきます。その日本語は、私にとってはまったく未知のものであることが多く、今度は私が、その用語が意味することはいったいどのような内容なのか、どのような漢字で書くのか、と問い返さざるをえなくなります。

専門用語を使いなれている大人は、たぶん多くの場合、なんとなくわかったつもりになっていて、正確な意味を他者に説明できるわけではないでしょう。相手の方も困りながら、中学生にもわかるように解説せざるをえなくなります。このようなやりとりのあげく、ようやくお互いに「それだ」となっとくのできる訳語にぶつかることができました。その過程はまた、日本語をロシア語に翻訳するときにも、はじめは逆方向であっても、途中からは、ほとんど同じ具合に繰り返されることになります。

中学生に、大人の世界の概念について言葉を尽くして説明してくれたはるか年上の同級生に感謝するしかないのですが、この実践をとおして、私の中のロシア語も、また私の中の日本語も、子どものレヴェルから大人のレヴェルに引き上げられていきました。言語能力を上げるのに、この二つの言語の間での往ったり来たりほど重要なものはなかったと思います。

「この二つの言語」とは、単にロシア語と日本語という異なった言語体系のレヴェルだけの話ではありません。そこには、大人のことばと子どものことば、専門領域のことばと一般のことば、意識的に概念を明確に想定したことばと曖昧な自明性の中で使用されることば、等々、多様なレヴェルにおいての「二つの言語」の間における差異が現象していたのです。その差異をまずは明らかにし、それぞれの「言語」の間に、どのような通路をつくれば、相手側にとどくのかを、中学生である私は自分なりのやり方で模索し、大人の同級生たちは、やはりそれぞれのやり方で探り、どちらかがどちらかにとりこまれる形ではない、「二つの言語」の間における往復運動が行われていた、と思います。

いまから思えば、こうした大人たちとのことばそれ自体をめぐる多様なやりとりは、私にとってはとてもありがたい勉強の場だったことがわかります。そして、現在の教育に欠けているのは、こうした多年齢の人々、多領域の人々との、ことばによるかかわりの場なのではないでしょうか。学校社会では、すべてが同年齢集団で切り分けられていて、教師と親以外の大人と子供たちが接する機会はほとんどありません。

しかし、とりわけ、子供から大人へ移行する中学生にとっては、いろいろなレヴェルの大人とかかわることは、きわめて重要な体験なのではないかと思います。中学生の頃ほど大人の世界に好奇心を燃やし、少しでも大人に近づきたいと思っている時期はないのですから。中学生をとりまく地域社会が、そうした形で教育とかかわる実践が模索されない限り、いまの教育が抱えている問題は解決されていかないと思います。

ともあれ、私の場合は、夜間ロシア語学校で出会った、多業種・多専門・多年齢の大人たちとのかかわりで、ことばによって世界を認識する道筋が多様に開けていったわけです。ふりかえってみれば、かなり生意気でませた中学生になっていたのかもしれません。事実、学校では、みんなに受け入れられることはもうあきらめていましたし、野球ができないという致命的欠陥のため、男の子たちの集団遊びには入れませんでした。いまはそうでもなくなりましたが、一九六〇年代のこの国の男の子で、野球ができない、というのはほとんど異人種だったのです。けれども、プラハで野球をやっていたのは、キューバ大使館の職員ぐらいでした。球技といえばサッカーだったのです。

大人に交って時事問題を言語化していくことで、私は周囲の人々に対する、自分という一人の人間の内心の誇りをどうにかつなぎとめ、同世代の友人とかかわることはなるべく避け、小学校時代からの数人の友人とのみつきあい、あとは「勉強」で勝つしかない、と、テストで点を取ることに賭けていきました。「日本語」と「日本人」へのおびえを、必死でごまかしつつ、表向きは学校社会に過剰に同化しようとし、つらくなるとロシア語でドストエフスキーを読むという、ことばで書きつけると、かなり異様な中学生だったと自分でも思わざるをえません。そして、その頃はまだ「帰国子女」ということばはありませんでしたから、友達や周囲の人にとっては、名付けようのないヘンナヤツだったのでしょう。

第3章　ことばの実践としての政治参加

東京／高校時代

国際情勢の中の個人

プラハから帰国する際、私たち家族は、かなり長期間にわたって、中国を旅行する機会にめぐまれましたが、私が中学に入ってすぐ、日本でも中国における「文化大革命」とりわけ、「紅衛兵」の活動についての報道がはじまりました。その過程で、私も繰り返し名前を聞いたり写真を見たことのある中国の指導者たちが、反動的な活動の責任者として批判されていきました。そして、中学一年の期末試験が終わった頃、モスクワで、中国留学生と警察との間で衝突事件が起き、ソ連が、中国大使館員に国外退去を求めるところまで、中ソ関係が悪化したことを知りました。プラハにいた頃から、中国とソ連の仲が悪くなっていることは、子どもながらになんとなく感づいていました。

鮮明に記憶に残っているのは、J・F・ケネディが暗殺された後、それなりに親しかったソ連大使館付属学校の友人から、おまえはケネディの暗殺を喜んでいるのか悲しんでいるのか、と迫られたことです。彼は、中国の奴らはみんな喜んで拍手をしているが、おまえもそうなのか、と問いつめるのです。そのとき彼は、例の直立不動でひじから先だけを動かすような、中国の党大会の映像などで見かける儀式的拍手を、侮蔑的に模倣してみせました。そのときの私は、なぜ自分にそのような問いがなげかけられるのかはわかりませんでしたが、たとえケネディがヴェトナム戦争の元凶であったとしても暗殺などということは許されない、と答えたように記憶しています。あとからふりかえってみて、この年イギリス・アメリカ・ソ連の間での「部分的核実験停止条約」をめぐって、中国とソ連の間における公開論争が激化し、その夏にこの条約が正式調印され、それが国際共産主義運動の分裂につながり、その波はその年の日本における第九回原水禁世界大会の分裂にもつながったことを知ることになります。

また翌年、平和共存路線のソ連側の中心だったフルシチョフが失脚するのですが、それまであがめたてまつっていた指導者のことを、突然あしざまに言う大人たちのあり方に、どうしても違和感を感じないではいられませんでした。そのときの記憶が、中国の「文化大革命」をめぐる報道の中でよみがえってきました。

しかし、私にとって最も衝撃的だったのは、中学二年生の夏休みに起きた、ソ連と東欧五か国のワルシャワ機構軍によるチェコスロヴァキアへの軍事侵入でした。同じ社会主義国同士であるにもかかわらず、一方的な軍事介入で政治的路線の違いをつぶしていくというやり方に、中学生なりに強い怒りを感じました。同時にそれは、学校教育を受けた国としてのソ連と、日常生活をしていた国としてのチェコスロヴァキアとが、私自身の中で分裂し葛藤することでもあったわけです。事実、この事件の後、それなりに文通をしていた友人たちと音信不通になってしまいます。とくに、チェコの軍人を父に持ち、大祖国戦争のソ連の英雄である軍人の娘を母に持った親友のことは、毎日のように気になりましたが、いまでも私は、彼の消息を知ることができないままでいます。

夜間のロシア語学校でも、この問題はいろいろと議論されました。外交官の人は、アメリカがヴェトナム戦争をするのとソ連のチェコスロヴァキア侵入は同じだ、社会主義は正義ではない、という持論が補強されたかのような言い方をしていましたし、ソ連びいきでロシア語を学んでいた大学院生は、社会主義に幻滅したと肩をおとしていました。こうした大人たちと議論をしても、私はこの事件を対象化して客観的に、あたかも人ごとのように考えることができませんでした。

どうしても納得のいかない、許せない事件であり、自分の友人たちがどうなってしまったのか、なぜこんなことが起こってしまうのか、ということを、大人たちに問いつづけました。私としては持って行き場のない思いを、彼らにぶつけていただけなのですが、年上の同級生たちはとても誠実に対応してくれたように思います。当初はそれぞれが、自分の立場に即した事件に対する感想を述べていたのですが、どの意見にも私が納得しないため、やがて大人同士の考え方のぶつかりあいとすりあわせがはじまり、とどまることのない応酬になっていきました。

もちろん、この年が一九六八年であり、日本の社会全体が政治的に揺れ動いていたということも、語学学校に集まった直接には関係のない大人たちが、国際情勢をめぐって政治的な激論を交わす雰囲気をつくりだしていたのではないかと思います。私は東京の文京区に住んでいましたから、いわゆる東大紛争が激化していく過程を身近に感じていましたし、周囲の大学生からそれぞれの学園における大学闘争の話を聞かされていました。そしてヴェトナム戦争に反対する大きなうねりも、日本の戦争協力を告発する形で激しくなり、自分という一人の中学生も、どうしようもなく、そうした国内外の政治状況に規定されているのだということを、実感せざるをえませんでした。

高校での学園紛争

一九六九年四月、私は東京都立竹早高等学校に入学します。東京の高校の入試制度が、いわゆる「学校群制」になって、三年目のことでした。それまで、きわめて個性的だった都立高校が標準化してしまった年だともいえます。この年、学園紛争が激化したため、東京大学や京都大学の入試は中止されていました。高校にも、その余波が押しよせてきていた時期です。

竹早高等学校は、元高等女学校で、「学校群制」になるまでは、お茶の水女子大学など、有名女子大学の受験校でした。その分、校則などもかなりきびしかったようです。入学して間もなく、東京都の会計監査によって、竹早高校の一部の教師が「汚職」をしたことが明らかにされました。まあ「汚職」といっても、今問題になっている、銀行や証券会社と大蔵省の間におけるものと比べれば微々たるものだったのですが、新聞にも大きくとりあげられました。

この事件が明らかになってから、ただちに生徒総会が開かれ、学校側を追及する集会が連日行われていくことになります。とりわけ「汚職」の主犯格の教師（前の三年の学年主任）に、理不尽な扱いを受けた男子生徒たちからは、きびしい糾弾のことばが発せられていきました。あるときは、「汚職」にはかかわらなかったけれども、それを抑止できなかったということで、直接かかわりのない教師までもが講堂の壇上で土下座をさせられる場面もありました。

中学校のときまで、教師の命令は絶対で、「先生は神さま」と思って来た新入生にとっては、とにかく度肝を抜かれるような日々がしばらく続きました。実際の「汚職」事件は、新一年生の知らない過去に発生したわけですから、生徒総会で議論されていることに関しては、一年生全体としては、ほとんど口をはさむことのできない話題でした。なんとなく、私の周囲の一年生の中で、いろいろ過去のことを言われても、自分たちはあずかり知らないことなのだから関係ないや、といった雰囲気が広まりはじめ、生徒総会への出席率も、次第に低くなっていきます。過去の恨みつらみを教師にぶつけているだけでは、どうも埒があかないのではないか、という思いが強くなり、ある日、あまりたいした考えはなかったのですが、私は生徒総会で手を上げて発言してしまったのです。

発言の内容を細かくは憶えていませんが、私の予期に反して、文章語の話しことばがはじめて支持される経験をしたのです。その後、生徒総会では一年生も発言するようになり、大方の合意は次のようになりました。教師たちの「汚職」を生み出した要因は、生徒を無視して教師だけで学校を運営してきたところにある。生徒も学校の構成員である以上、きちんと生徒の人権を学内で認め、教師と生徒の合意に基づきながら学校運営をしていくという形で、これから、どのような学校づくりをしていくのかについて議論するのが生産的なのではないか。

生徒総会では、学内における生徒の基本的人権を認める「生徒権宣言」をつくるという方向での決議をし、起草委員会が出来、そこでつくられた条文が承認されていくことになります。ただ、この「生徒権宣言」を学校側が認めることを渋ったため、一九六九年の秋から翌年にかけて、全学ストライキがうたれることになります。その意味で、多くの「高校紛争」の中で、竹早高校のそれは特異なものだったと言えるでしょう。最終的に「生徒権宣言」は、学校側も承認し、一九九五年まで竹早高校の生徒手帳に載っていました（章末資料参照）。

文章語で話してもいいの？

私にとって驚きだったのは、ずっと劣等感をもっていた文章語の話しことばが、こうした政治的な場での発言では通用する、という発見でした。

多くの人を前にして話をすることは、普通は緊張したりあがったりするものだと思います。しかし、私の場合、何気なく手を挙げ、マイクをとって、自分の考えをその場でまとめながら発言をしたら、自分のことばが受け入れられていった、という体験をしたため、その快感が原体験となってしまい、多くの聴衆に向かってなら文章語で語ることが許されるのだという、解放感を感じてしまったのだと思います。

私にとっては一対多という発話の場では、一対一の対面的なことばのやりとりに比べ、聴き手の生の反応におびやかされずに話すことが可能になります。もちろん、多くの聴衆は沈黙して、一人だけがマイクを握って、大きな声で話すという特権性に支えられてのことですが。ともかく一定のまとまったことを、初めから終わりまで相手にさえぎられることなく話すことができますし、まなざしは広い会場や遠くの議長席に向いていたりするわけですから、対面的な会話のように、こちらのことばに対する相手の反応を、微妙な表情やしぐさの変化から読みとる気苦労からも自由になることができます。通常、「母語」による言語コミュニケーションは、対面的な一対一関係の中で習得していくわけですから、そちらの方が自明化された日常になり、一対多の場面というのは、ほとんど機会としては訪れません。ですから中学校などではわざわざ「弁論大会」なる非日常的な場が設定されたりするのだと思います。

私の場合の特殊事情は、自分で日本語を操ることに快楽を感じた一対多という場が、その後ことあるごとに開かれる「生徒総会」という形で日常化してしまったところにあります。とくに、「生徒権宣言」を学校側に認めさせるための全学ストライキの期間中は、毎日が「生徒総会」になり、そこで出席もとっていたわけですから、「高校紛争」という非日常が、私の高校生活の日常だったということも、この奇妙な言語習得を決定づけたと言えます。

この期間に私は、もう一つ重要なことを体得したように思えます。それは「自己」はことばとともに形成される、という感覚を強く持ったということです。

「生徒総会」での最初の発言のあと、同じクラスの一年生の仲間からは、あんな大胆な発言をして、よっぽど信念みたいなものがあるのでは、などと言われたりもしましたが、事実はまったく対極にあったわけです。ことばを発する者と、それを受け取る者との間で形成されている場の論理が、ある微妙な力関係の中で動きはじめると、手を挙げたときには考えてもみなかったようなことばが自分の口をついて出てしまうこともあるわけで、その瞬間に、ある特定の「自己」が生成されてしまうのです。こういうとずいぶんいいかげんに思われるかもしれませんが、やはり私は、発話されたことば以前に「自己」なるもの、ある一貫した連続性を保持している「主体」のようなものは存在していないと思います。「自己」とは語る行為と語りの場、そして聴き手との間で、瞬時に編成されていく現象なのだと思います。それがあたかもあらかじめ存在しているかのような錯覚を抱くこと、あるいは、連続性のある「自己」の一貫した「主体性」に裏打ちされた思想でなければならないという先入観が、人からことばを奪ってしまうのではないでしょうか。どんなに思慮深い人でも、ある状況の緊張した局面では、突差の判断をし、それをことばにし、かつ身をもって実践せざるをえないようなことになるわけですから、むしろ、それが日常的なことなのだ、と考える方が現実に即しているのではないかと思います。しかし、内実は、そんな大層なことではなく、私の中に潜在していた目立ちたがり屋の性格が、時代状況にうまく乗っかる形で、野方図（?）に広がりはじめたということなのかもしれません。

アジテーションの言語

「生徒権宣言」を学校側に認めさせる全学ストライキが行われていた頃、文京区の校舎の新築のために、私たちは新宿高校の旧校舎に間借りをしていました。この年の十月二十一日の「国際反戦デー」に象徴されるように、いわゆる学園紛争の末期の騒然とした雰囲気に直接触れていたように思えます。けれども、公害論の宇井純さんや社会運動家の最首悟さんなどをよんで講演をしていただき、それをどういうからくりだかわかりませんが、授業にふりかえていた日々は、とにかく明日なにが起こるかわからない、という緊張感にあふれたものとして記憶に残っています。

七〇年安保とのかかわりもあり、その頃の政治集会には、高校生も数百の単位で参加しており、何か世の中が決定的に変わるのではないか、という幻想も広範にあったように思います。そして、外へ出ていくにしたがって、「文章語で話す」機会はいろいろとふえていくことになります。同じ高校生同士の集まりの中で、大学生がやるような、アジテーションを実にみごとにやってのける人もいました。例の「ワレワレハー！　ニチベイアンポジョウヤクヲー！　ダンコトシテー！　フンサイシー！！」という、助詞のところでいちいち区切りながら、そこで音声を高揚させていく調子です。このアジテーションの調子は、ハンドマイクの微妙にかすれた音と調和し、当時の高校生にとっては、カッコイイしゃべり方だったように思えます（一部の高校生かな？）。

ただ、私には、どうしてもこのアジテーション調を身につけることができませんでした。一言で言えば、すぐ頭の中が白くなって、何を言っていいかわからなくなってしまうのです。助詞のところで区切った瞬間、次のことばが出てこなくなるわけです。これは、どうも私のしゃべりながら考えて「文章語で話す」という形式、あるいは言語使用の論理が、どこか根底のところでアジテーションのモードとはちがっていたようなのです。

たぶん、そのことを過剰に意識せざるをえなかったのは、私の頭の中の「文章」がロシア語の構文として構成されていたからではないかと思います。後に修士論文を書いた頃、ある教師から「君の文章は日本語じゃないね！」と言われて、ああ、なるほどと思ったのですが、助詞のところでいちいち区切るアジテーション言語は、どうも私の中における「文章」の単位を崩す力をもっていたようなのです。これは近代日本語の散文において「文」という単位が、ロシア語などに比べて文法的にははるかに自由であるということと結びついていると、あとで気づくことになります。

アジテーション言語は身につきませんでしたが、論争の方法は、かなり鍛えられたように思います。しゃべりながら考えるという、私の実践にとって重要なのは、まず論争の相手のことばを反復することです。相手の発言を自分で引用しながら理解していき、どの点に同意でき、どの点に同意できないかを、まず区分けし、そのうえで同意できない理由を述べながら、反論のポイントを考えていくわけです。八〇パーセントは、相手の土俵の中で相手のことばで議論し、残りの二〇パーセントでひっくり返す、ギリシャの修辞学者が、言いそうなことですが、こうした言語技法は、しゃべりながら考える者にとっては、実に好都合だったのです。でも一歩まちがえば、口から出まかせ、ということにもなるのですが……。

私が二年のときに、学校側は「生徒権宣言」を認め、全学ストライキは解除され、授業が再開されることになります。「受験体制打破」というスローガンをかかげていたため、単なる授業再開ではなく、生徒会をとおして授業総括運動を展開しながらの再開ということだったように記憶しています。現在でいえば、大学で行われている、学生による授業評価のようなことをやろうとしていたわけですが、それは実際やってみると、生徒の方の勉強がとてつもなく大変になっていきました。

『こゝろ』の傷

授業再開後まもなくの頃、「現代国語」の授業で、夏目漱石の『こゝろ』がとりあげられることになりました。三島由紀夫の自殺と関係があるのかどうかはわかりませんが、一九七〇年の時点では、たしか、採用されているほとんどの「現代国語」の教科書に、『こゝろ』が教材として載っていました。中学の『吾輩は猫である』以来、漱石にはこりていたはずの私ですが、授業総括運動の中心にいたこともあり、めずらしく気合いを入れて、『こゝろ』を読むことになります。

はじめて読んだ漱石の『こゝろ』は、私にとって大きな衝撃でした。生前親しくかかわり、「先生」と呼んできた人から、突然遺書を送りつけられ、危篤の父親をおいて、汽車に乗り込み、その遺書を精読しながら東京へ向かう「私」という、大学を卒業したばかりの青年。当然、汽車を降りた後は、先生を失い、たった一人の遺族となった奥さん、すなわち静のところへ直行することになる。いったい、「私」という青年は、静とどのような話をするのだろうか。どうしても先生の自殺の理由について話をしなければならなくなるだろう。そうなったとき、あの先生の「遺書」の末尾に記された、「妻が己れの過去に対してもつ記憶を、なるべく純白に保存して置いて遣りたいのが私の唯一の希望なのですから、私が死んだ後でも、妻が生きている以上は、あなた限りに打ち明けられた私の秘密として、全てを腹の中にしまって置いて下さい」という、遺書の内容を静に知らせることを禁じた言葉に対して、どういう態度をとればいいのか。

きっと静は、「私」に対して、先生が自殺する兆候が生前なかったかどうかを尋ねるだろうし、静自身も自分が思いあたるところを語るだろう。静には親類も少ないし、まして先生は故郷を捨てた人である以上、遺体を荼毘に付し、葬式を出し、様々な事後処理をするうえで、「私」は静といっしょに居なければならないだろうし、東京の下宿はもう引き払ったのだから、静の住む先生の家に泊まるしかないわけで、ならば一日のあわただしい用を終えたあとには、どうしても静とさし向かいで先生の心をめぐる話にならざるをえないはずだ。たとえ、「遺書」の内容を隠していたとしても、「私」という青年は、それを読んでしまったのだから、静の問いかけに答えることばのはしばしに、「遺書」にまつわることが出てしまうのではないか。それに、故郷を捨てた先生の遺骨はどこに葬られるのか。父と母の墓なのか、それとも、先生自身が作った雑司谷霊園の、自殺した学生時代の友人Kの墓か……。とにかく、私にとって、東京に帰ってから「私」という青年がどうふるまうのか、ということをめぐる一切が気にかかってしまったのです。

全都的に高校紛争が終わりつつあったこの時期、その理由は様々ではあったのですが、何人もの高校生が、自ら命を絶つという事態が相次いでいました。その頃生徒会長をしていた私は、他の高校の多様なセクトの活動家とかかわったり、あるいは独自の路線で活動している人たちとかなり親しい関係にありましたから、私の身近でも、そうした出来事が発生しましたし、友人たちの身のまわりでも起きていました。たとえば、親友だということで、日記をたくされて死なれてしまった場合、いったいどうするのか、といったことをはじめとして、残された者の苦悩は、非常に切実なこととして感じていましたから、『こゝろ』の「私」の置かれた立場は、本当に身につまされたのです。

私は、こうした思いを「現代国語」の授業で発表してみたのですが、教師や友人たちの反応は冷ややかでした。教師には、「小説に書いてないことを心配しても仕方がないだろう」と、あっさりとかたづけられてしまいましたし、好意をもっていた女性のクラス・メイトからも、「小森君て、センスないのネ」と、半ば嘲笑のこもったことばをぶつけられました。漱石をめぐる二度目の敗北でまた傷を負ったのです。

今からふりかえってみると、中年にさしかかってから、漱石を研究し、論文を発表しはじめたのは、こうした中学一年や高校二年のときの自分が負った恨みつらみを、なんとかはらそうとする試みだったのかもしれません。私の最初の『こゝろ』をめぐる論文は、この「私」という青年の後日談を中心としたものになりました。

『こゝろ』の授業は、例の「明治の精神」に「殉死」するとは、どういうことなのかをめぐって延々と展開していったように記憶しています。後に高校で国語を教えるようになってから、この路線が、「指導書」なるものによって敷かれていたのだということを知ることになりますが、高校二年の頃の私は、とにかく自分には日本語で書かれた小説は読めない、何を読んでも誤読するだけだ、という思いを強く抱いてしまうことになります。

高校三年まで生徒会長をやることになった私は、いわゆる受験勉強という気分にもなれず、沖縄問題や公害問題に、社会問題研究会の仲間といっしょに取り組んだりしていました。とりあえず、現役のときの受験には旅費と受験料を出してやるという親のことばに乗じて、どうせなら遠くへ、ということで、北海道大学を受験することに決めました。漠然と、歴史学を勉強したいと思っていたのですが、北海道大学には、「スラブ研究所」というソ連や東欧に関する研究センターがある、ということを口実に、北海道に渡りました。

［資料］ 生徒権宣言

我々は一九六九年の不正事件を契機として今日まで行われていた本校の非民主的な学校運営と生徒不在の教育のもたらす弊害に気づいた。我々は一〇日以上討論を重ね、自分達の今日までの無気力、無関心を反省しつつ真の高校生活のあり方について考えた。これらの考察の忘却は竹早の非民主的な教育の復活につながる。よって民主的な学園を建設すべく不断の努力、強靭な意志、我々の権利義務を確認し、絶えず思いおこすために、また考察の内容を総括し、獲得した権利を明示するために、この宣言を発する。

我々は次のように考える。教師と生徒は人間として平等である。従って我々は人間性を尊重され、その基本的人権を享有することができる。また、教師が真に生徒のための教育指導を行うところにこそ教師の権威はおのずから生ずるのであり、誤った権威主義は否定されなければならない。そして何よりも我々は高校生として「個人の尊厳を重んじ真理と平和を希求する人間の育成を期する。」（教育基本法）ような教育を受ける権利がある。

しかし「生徒権宣言」の成立は決して改革の達成を意味するものではない。これはあくまでも礎石であり、我々がここに記された権利を行使し宣言の理想を実現していくことこそ真の改革である。すなわち我々は充実した高校生活の建設を我々の責務と考え、同時にこの責務を全うすることを誓う。「生徒権宣言」は今後都立竹早高校における根本精神となるものである。従って竹早高校の全構成員はこれを遵守しなければならない。また、この理想の追求を妨げるものに対して我々は断固たたかうものである。

よって我々は次の事を宣言する。

生徒会自治活動について

我々は生徒会自治活動において自ら決議し執行する権利を有する。従って教師、生徒の意見の相違が生じた場合は相互の話し合いによって解決される、又、ホームルーム活動において主体はあくまでも生徒であり、我々がその企画、運営する権利を有する。

1．学校運営について

①我々は竹早祭、修学旅行等の行事に関しては、自主的に企画し運営する権利を有する。又入学式、卒業式等の学校儀式に関して企画、運営に参加する権利を有する。卒業式の送辞、答辞に関しては、すべて生徒が自主的に行う。

②年間行事計画、カリキュラム（学習計画）、学級編成[1]等に際しては我々の意見を反映させることができる。

③学校の施設の購入[2]に関しては我々の意見を反映させる。

2．生徒としての権利について

①我々の一切の思想及び表現の自由――即ち出版、掲示の自由は保障される。従って従来の検閲制は廃止され、校内の言論、出版、掲示は生徒が管理する。又我々が会合を持つこと、及びサークルを作り、活動することは自由である。但し活動に関する責任は生徒が負う。

②我々は教師の体罰や納得のいかない処置、威嚇に対しては断固として抗議追求する。

③授業の内容、教師の講義方針に関しては話し合いにより相互の納得のいく授業を求めていく。

④生徒に関する諸規則[3]は生徒が定め、生徒が管理する。

一九六九・六・五

都立竹早高等学校全日制生徒会

臨時委員会

(1)グレード別クラス編成、男女別クラス編成等
(2)図書、体育器具類等
(3)生徒会規約、服装規定、諸注意等

第4章 「国文科」進学

札幌／大学時代

成績は〈カフカ全集〉

高校のクラス担任はもとより、本人の予想をもまったく裏切る形で、私は北海道大学に合格してしまいました。東京の大学にも一つ合格していたのですが、東京に残ると、高校時代の活動歴を知っている人がたくさんいるために、すぐにこき使われることになるのではないかという不安を抱き、おそらく自分のことを知る者はいないであろうと思って、北海道の大学に入学することを決めたのです。ただ世の中は狭いもので、同じ年に入学した者の中に、私の前歴を知っている人が複数いて、まもなく、ビラとタテカンとアジテーションの毎日に明け暮れることになります。

アジテーションについては前の章でふれましたので、ここでは、ビラとタテカンの効用について少しだけふりかえってみることにします。中学、高校を通じて、何が嫌いといって、読書感想文を書くことほどいやなことはありませんでした。自分は必ずどこかで誤読しているのではないかという不安が常にありましたし、一つの小説を読み終わった直後に、いきなりまとまった感想なるものが、ことばで浮かんでくるはずがない、と思っていました。もちろん、感想文以外の「作文」も好きになれませんでした。日本語で文章を書いていると、どうしても思ってもいないようなことを、わざとらしく書いているという気分になって、とても耐えられませんでした。とにかく、日本語である一定の長さの文章を書くことは、自分にとっては至難の業に思えてならなかったのです。

けれども、政治的な課題をめぐるビラを書くようになってから、日本語の文章を書くことがあまり苦にならなくなりました。ビラの場合、まず書かねばならないことは、その日その日の政治課題ですから、主題は情況によって、決まっていきます。それにガリ版の原紙のマス目によってあらかじめ字数が決定されていますし、構成も見出しの配分などから一定のパターンになっていきます。はじめに全体情勢の中での、そのビラでとりあげる政治課題の意義、次に当面する敵の特定とその分析、三番目に闘争方針、そして最後に闘争への決起の呼びかけ。

ビラは、大きなスローガン入りの見出しが、B4の上三分の一くらいをとってしまうので、本文は千六百字から二千字の間ということになり、どんな問題でも、その字数の枠内で処理しなければなりません。テーマさえ与えられれば、なんとか文章を短時間でかけるようになっていきました。一・二年生の間は授業にはほとんど出られない（出ない）ような生活をおくっていましたが、語学を除いては、このビラの原稿の調子でテストの答案をデッチ上げ、かろうじて単位をそろえて、二年の秋には、留年すれすれのところで学部移行することができました。ただテストの答案の場合、情勢分析も闘争方針も、ましてや決起の呼びかけもありえませんから、起承転結を装った中味のない答案にならざるをえません。良い点がもらえるはずはありませんから、私の学績簿は〈カフカ全集〉でした（可と不可だけという学生内の隠語。ちなみに、もう少し良い場合は、〈寮歌集〉＝良可集、と言っていました）。

私の志望学部は、文学部の史学科の西洋史でした。ロシアの十九世紀の歴史をやろうと思っていたわけですが、その頃、歴史学は、優秀な人たちが志望する学科でした。私が大学に入学したのは一九七二年ですが、ヴェトナム戦争におけるアメリカの敗北が明らかになり、それまでの欧米の大国中心的な世界史ではなく、ヴェトナムからの世界史を再構成しなければならない、といった議論がなされ、フランス革命やアメリカ独立戦争、あるいはロシア革命を画期とするような歴史観が批判的に据え直されていました。また、沖縄問題や日中国交回復をめぐる問題も、アジアの歴史をとらえ直すことを要請していました。そして、日本近代史の領域では「民衆史」と呼ばれる、政治史中心主義への批判が、一つの運動として展開されていました。その意味で、歴史学が、熱い問題意識の中で語られている時代だったということができます。そんな中で、〈カフカ全集〉の私が、歴史学をやれる学科に入ろうと望んだことが非現実的だったのかもしれません。

当時の北海道大学における、教養課程から学部に移行するシステムは、教養のときに履修した科目の「優」は2点、「良」は1・5、「可」は1、「不可」は0点に換算し、その総点を科目数で割って、点数の良い人から希望学科が決まっていくというものでした。つまり、オール「優」の人は2・0、「良」と「可」の多さに従って、次第に1・0に近づいていくという形で順位が決まるわけです。カフカ全集の私の場合、「可」より「不可」の数が多く、1・0を下回っていました。希望学科は、まず学部を選択し、その後その学部の中で学科を決めていくという形で選びます。文学部の場合、第七志望まで書く欄がありました。

私の場合、まず文学部史学科を選び、西洋史、日本史、東洋史と記入し、次に文学部文学科で、ロシア文学、英文学、独文学、そして最後に、最も苦手だと思っていた国文学と記入しました。ロシア文学で文学科を選んだ以上、残りの空欄に文学科にある学科をとりあえずすべて書かねばならなかったのです。結果は第七志望の「国文科」に移行することになりました。同学年の人たちの名誉のために言っておきますが、当時の「国文科」が劣等生の集まりだったわけではありません。たまたま最後の定員枠が空いていたために、私がすべり込むことができたのです。こともあろうに、あらゆる学科の中で、最も苦手意識を持っていた「国文科」にまわされてしまったのです。

三年のときには、もし定員が空けばという期待を抱いて、西洋史への転科をねらい、「国文」

の授業にはほとんど出ずに、西洋史の授業ばかりに出ていました。甘い願望は実現されることなく、「国文科」で卒業論文を書かざるをえなくなりました。教養の語学も含め、「国文」での必修単位をとらねばならないこととあわせて、私はかなり窮地に追い込まれました。いったい、「国文学」という領域で、誰のどのような作品について論じることができるのか。日本の小説をめぐって誤読の経験しか持っていない自分に何ができるのか。

とにかく私の特技と言えば、ロシア語が少しはできるということしかないわけです。文学的言語とは、ほとんど無縁な学生生活をおくってきたわけですから、どのような作品がどのように優れているのか、などという価値判断すらできません。そこで思いついた苦肉の策が、二葉亭四迷＝長谷川辰之助という、日本の近代小説の書き手で、数少ないロシア語のできる人の、しかも翻訳小説の文体と翻訳の質を分析してみよう、というテーマでした。二葉亭四迷のロシア文学の翻訳を、年代順に原文と比較していけば、文学それ自体への評価ぬきに、何かを論じることができるのではないか。いま思いかえしても、赤面せざるをえない策を考えついたわけです。

卒業論文――「言文一致」と翻訳

当然この作業は、『国民之友』という雑誌に発表された、二葉亭訳ツルゲーネフ『あひゞき』

の翻訳の問題から始めることになりました。参考文献を集めだしてみると、近代の日本語、とりわけ小説における「言文一致」体の成立をめぐって、この『あひゞき』の翻訳が決定的な意味をもっていたことがわかってきましたし、日本で最初の「言文一致」体小説としての『浮雲』が成立するうえでも、この『あひゞき』の翻訳が重要な転機になっていることも見えてきました。近代の日本語が「言文一致」であるという認識が実は大きな嘘であり、それは幻想でしかないという思いは、なによりプラハから帰国した小学生の私にとって、最も大きな文化ショックとしてあったわけですから、自分にかかわる問題と取り組んでいけるという動機づけにもなりました。そして、あらためて、翻訳という過程をとおして、ある言語システムにおける新しい表現の変容が発生することに気づかされることになります。

私がまず驚かされたのは、ツルゲーネフにとっても、『あひゞき』の収められている『猟人日記』を書くことが、詩人から散文作家に変わる転機となり、そこに翻訳という問題がかかわっているということを知ったときです。ツルゲーネフがフランスに滞在していたとき、すでにフローベールなどによって、いわゆる視点描写、つまり作品の内部に身を置いている特定の作中人物の感覚に即して、外界を記述するという表現方法が創出されていました。『猟人日記』に収められたいくつかの作品は、その意味で文学先進国であったフランスの散文に学び、まずはフランス語でロシアの自然を書き、それをロシア語に翻訳するというプロセスを経て成立した可能性があるわけです。その事実を知ったとき、それと同じことが、二葉亭四迷の中でも起こっていたのではないかと思ったのです。そしてまた、同じことが私にとってのロシア語と日本語との間で発生していたかもしれない、ということにも気づかされました。

一つの言語システムの中に閉じていたのであれば、劇的な表現の変容は発生しなかったのではないか。二葉亭四迷が、最初に活字にした翻訳小説が、たまたまツルゲーネフの『あひゞき』だったわけですが、そこには文学的表現を、一つの言語システムの中だけで考えるわけにはいかない重要な問題がある、と思わざるをえませんでした。

よく一般に、『あひゞき』は逐語訳である、と言われていますが、実際ツルゲーネフの原文と比較しながら、一語一語検討していくと、文法構造の異なる言語の間では基本的に不可能な語順までを、二葉亭はなるべく原文どおりに配列する努力をしているのです。通常、翻訳可能なのは意味の再現の領域であるはずなのに、二葉亭は文章の形、つまり文体をも再現しようとしていることに気づきました。

卒業論文を書いている際には、まだ明確に「文体」という概念に対して自覚的ではありませんでしたが、意味だけではなく文章の形までをも、日本語として再現しようとしている二葉亭の実践の在り方は、一語一語を比較していくという作業をとおしてはっきりとつかむことができました。しかも、この作業は、私の中に形成されていた文学的日本語に対するおびえを、次第に取り除いていってくれたのです。

もし、二葉亭四迷が、近代の「言文一致」体小説の創始者であり、その「言文一致」体なるものが、たしかに三遊亭円朝の落語や式亭三馬の滑稽本などの伝統をふまえていたとしても、その中心の一つに、ロシア文学からの翻訳という行為が介在しているとすれば、ロシア語と日本語との間の相互翻訳的な関係の中でことばを獲得してきた自分も、それほど異常な人間ではないはずだ、と思えるようになってきました。

つまり日本語という言語が、永い伝統を持った単一言語で、それを十全に使用し、正しく鑑賞することができるのは、日本という国土にずっと住みつづけて、細部にわたって日本文化を知りつくした日本人だけだ、という幻想から、次第に自由になれてきたのだと思います。実際に行っていたのは、原文と二葉亭の訳語を、逐一比較していくという単純作業ではありましたし、出来上がった卒業論文も、なにかを論じるというよりは、その単純作業をめぐる中間報告のようなものにしかなりませんでしたが、私にとっては、近代「言文一致」体をめぐる神話から解放されていく大事なきっかけになりました。

このときつかんだ一つの感触、つまり、近代「言文一致」体とは、実は翻訳言語であり翻訳文体なのではないか、という思いは、その後の私にとって、かなり重要な支えとなっていきます。出来上がった卒業論文は、とてもつたないものでしたが、ロシア語を駆使して近代日本文学の出発について論じるといったようなものは珍しかったということもあり、なんとか卒業させてもらえることになりました。もちろん、四年の最後の試験期に、普通の四年生をはるかに上回る数の試験を受け、地下鉄一駅以上離れている文学部と教養部の間を吹雪をついて走り回らねばならなかったことは言うまでもありません。

「標準語」と「地方語」の間

私自身の中におけるロシア語と日本語の二重言語状態、ことばのダブル・スタンダード状態に対して、肯定的に受けとめ直すもう一つのきっかけは、「方言」という形で差別化されている「地方語」との新しい出会いでした。

本来は、学部移行した二年生の後期か三年生で単位を取得しておかなければならない専門科目を、四年生のときにまとめてとらなければならない状況にあった中で、いわゆる「国語学」関係の専門科目の一つに「方言学」がありました。その授業では、ひととおり「方言」をめぐる理論的学習をしたあとで、泊まり込みで方言調査に行くことが義務づけられていました。調査対象となった場所は、切り立った岩場がつづく北海道の海岸線の地域でした。この地域は、いまではトンネルが掘られて、海岸線をつなぐ道路ができていますが、かつては、船を入れることのできる入江ごとに、海から入るだけの交通路しかなかったので、バス停を一つか二つ隔てただけで、使用されている「方言」が違っていたのです。

東北地方を中心とした異なった地域からの入植者たちが、ある時期まで閉鎖的な集落をつくり、その結果、いまではなくなりつつある山形や秋田方面の「方言」が生き残っているはずだ、というのが、この地方を選んだ理由だったようです。

調査は、昼間はその地域の小学校と中学校の生徒たちからの聞き取り、放課後は、その生徒たちの家を集落ごとに分担し、夕食前までは、生徒たちの祖父母を中心として出身地を含めた話を聞き、いったん宿で夕食をとった後、今度は生徒の父母に聞くという形で三世代にわたるサンプルをとりました。調査項目は、語彙レヴェルからあいさつや文末詞の特徴に至るまで百項目近くありましたので、戸別訪問は一日四、五軒が限度です。

調査二日目、ある異変に気がつきました。生徒たちが前日と比べて、どうもみな緊張しているようなのです。そして明らかに努力して「標準語」で話そうとしているようなのです。戸別訪問を行って、その理由がわかりました。最初の家に着くと、案内してくれたその家の小学六年生の女の子は、祖母にさりげなく「この学生さんは、東京の出身なんだっテサ」と告げているのです。

百項目にわたる調査ですから、途中で雑談したり、相手のことばかり聞くのも失礼かと思って自分のことを話したりする中で、前日の生徒たちの何人かに、何気なく、自分は東京から来たのだという話はしていました。そして、そのときの対応が「芸能人に会えていい」というものだったので、こちらとしても驚いてしまい、東京に住んでいるからといって芸能人なんかには会えない、などと笑談していた情報が、伝わっていたのでしょう。「東京出身」ということだけでも、相手に「標準語」をしゃべるように抑圧してしまう自分の位置に、そのとき気づかされました。孫からチェックされたお祖母ちゃんは、こちらの問いかけに、いちいち、「きたないことばで済まないネェ」と断りながら答えるような事態になってしまいました。もちろん「方言」調査としても、明らかに失敗なのですが、それ以上に、私は自分が突然言語的抑圧者の側に立たされたことにとまどわざるをえませんでした。

その後、近代の日本において、「方言」を「矯正」する言語政策が、学校を中心に、どのような暴力的な形で行われてきたかについて知ることになるのですが、そのときには、どういう態度をとっていいかわからなくなりました。私たちの質問の中にある、東北各地の地方語に特有な語彙をめぐる質問を発すれば発するほど、そのお祖母ちゃんを追い込んでいくような形になっていったからです。

調査の結果を集計してみると、明らかに、トンネルを隔てたバス停ごとに、「庄内弁」と「津軽弁」が分布していたり、飛び地的に「南部弁」が分布していたりすることがわかりました。そうしたことばの分布それ自体が、この豊かな漁業資源のある地域に、明治に入ってから本州の和人が植民してきた歴史的道程を示していました。そのことにいやでも自覚的にならざるをえなかったのは、調査項目にいくつか入っていたアイヌ語がまったく使用されていない、という結果が出たからです。かつてこの地でアイヌの人々が生活していたであろうことは、地名の原形がアイヌ語であることから明らかなのですが、先住者たちはそのことばとともに、この地域から排除されていたのです。

大学院に入ってから友人になった、弘前出身の後輩とかかわる中で、東北における「方言矯正」の実体を知ることになります。彼は、同学年の学生たちの中では、最も「正しい標準語」をしゃべることができました。彼の語るところによれば、小学校の頃から、「津軽語」を話すことを、「悪いことばは使うな」といましめられ、ことあるごとにNHKのアナウンサーの発音やアクセントを学習させられたということでしたし、「学校」という場においては「標準語」を使わなければならない、という強いプレッシャーを常に感じているということでした。

ある夏、彼といっしょに、彼の故郷の弘前に列車と当時まだ運行していた青函連絡船を乗り継いで旅行しました。青函連絡船に乗り込んだあたりから、なんとなく彼が無口になりはじめたので不思議に思ってたずねてみると、彼は何やら申し訳なさそうに、「どうも耳から青森や津軽のことばが聞こえてくると、ことばがもどっちゃうんですよね」と、たしかに、札幌で話していた「正しい標準語」とは異なった発音とイントネーションで答えてくれました。その旅の中で、私は彼から特訓を受けながら、微妙な津軽語の発音とアクセントを学習し、旅の終わり頃には、居酒屋で大声で話をしても気がねしないで済むようになりました。

「標準語」が「良いことば」で「地域語」が「悪いことば」である、という観念が、近代国民国家日本が、植民地主義的な言語政策を展開する中で築かれたものだということを明確に意識するようになったのは、だいぶ後になってからのことでしたが、ことばというものが、単なる記号ではなく、生活の中の様々なもの、自然、身体的な身振りや動作などをもひとつながりにした生きものであることを、この旅の中で強く感じることができたように思います。かつてプラハで小学生の私がソノシートで聞きつづけた、宮澤賢治の詩や童話は、私の中では、宮澤清六さんの「花巻語」の声として響いており、活字を読んでも、「標準語」の声ではなく「花巻語」の声が聞こえてくるのは、そうした身体と結びついたことばこそが、力となっているからなのかもしれない。そこに気がつくことのできた旅でもありました。

文学と歴史の境界で

国文科をぎりぎりで卒業させてもらった後、私は、やはり歴史学への思いを捨てることができず、西洋史の大学院を受けるために、一年間、西洋史の研究生をすることになります。大学院を受けるというのは、なにも向学心に燃えてのことではありません。私は、職業としては高等学校の教師を目指していました。その頃、大学院の修士課程を出ると「一級免許」というのがもらえるシステムがあったので、進学は就職の際優利になるようにとの実利的な選択でした。しかし、研究生のときに書いた卒業論文に代わる論文は、ロシアのナロードニキ運動の時代の、スラブ派と西欧派の対立をめぐるものでしたが、どうも歴史学には向かないと判断されたようで、西洋史の大学院へ進む道はとざされてしまいました。

たまたま、そのことを宣告されたときに、学部のときに指導教官だった亀井秀雄さんと出会い、お酒を飲みながら進路について相談することになりました。選択肢としては、もう一つ、東京大学の比較文学の大学院を受験するという方向もあったのですが、「なんでも好きなことをやったら」という亀井さんのことばに励まされるような思いで、こともあろうに国文の大学院を受験することに決めてしまったのです。

自分の中で、なにか明確な問題意識が固まっていたわけではないのですが、ロシアの近代について、それなりの学習をする中で、同じように、西欧に対して遅れた近代化を歩まざるをえなかった日本との共通点を強く感じはじめていて、どうせなら、日本の近代をとらえ直すことで、自分の違和感をはらしていくことができないか、と考えるようになっていったのだと思います。

無知の特権

大学院には進学したものの、学部時代は歴史学の授業にしか出ず、「国文学」の授業は単位を取るだけにすぎなかった私には、いわゆる「文学」あるいは日本の近代文学についての常識というものがほとんどありませんでした。その頃、指導教官の亀井秀雄さんは、中野重治や小林秀雄を論じた後の仕事として、ちょうど大岡昇平論（『個我の集合性』講談社、一九七六）に取り組んでいらっしゃいました。そんな亀井さんを囲んで、大学院生や学部生が、敗戦後の文学をめぐる研究会をやっていました。

近代文学を専攻する院生は、私が修士一年のときは二人だったので、当然学部生に対しては先輩格として参加せざるをえませんでした。この戦後文学をめぐる研究会で、私は、「ことばが通じない！」という何度目かの体験をすることになります。

以前からこの研究会に参加していた学部生（後輩）からは、毎週小説を一作読んできてそれについての感想を述べあう研究会だと聞いていました。はじめてその研究会に出た日、私はがく然としました。研究会のメンバーの言っていることが、まったくといっていいほどわからなかったのです。

もちろん、日本語で議論しあっているわけですから、一つ一つのことばの意味はそれなりにわかるのですが、肝心のところで使われる用語が、日本語らしくはあるのだけれども、一度も聞いたことのないような響きを持ち、頭の中で、うまく漢字に変換できず、そのために発言の全体像がうやむやになる、という事態に直面したのです。

たとえば、野間宏の『暗い絵』という小説をめぐる議論をしていたときに、繰り返し「ジツゾン」ということばが飛び交いました。最初はなんのことやら一切わからない状態でした。

楽だったのは、後輩の学部生たちが、私の「文学的無知」を知りぬいていて、必要があれば、きちんと啓蒙してくれたことです。「ジツゾン」という音声に目を白黒させていた私に、それは漢字になおすと「実存」となり、ジャン＝ポール・サルトルの使用するキー・ワードであり、『存在と無』という本を読めば、この概念の内容がわかるはずだ、というところまで親切に教えてくれました。こちらとしても、それなりのプライドがありますから、帰りがけに生協の書籍部で、早速『存在と無』を買い求めて、来週までには、自分も「実存」ということばを使ってしゃべれるようになるぞ！ という意気込みで読破するわけです。

しかし、ことはそううまくは運びません。「文学」について語る人々の言語モード、ある特定のことばや概念を使う方法や様式、それを理解するときの慣習や慣行、ことばの使用方式をめぐる法則は、どうも決定的に政治の言語や歴史学の言語のそれとは異なっているのです。「実存」という概念を把握するために『存在と無』を読んでみても、頭の中は混乱するばかりで、適切な文脈で、なおかつカッコヨク「ジッゾン」という音声を発することができるようにはならないのです。一事が万事ですから、同じようなパターンで、「文学」を語る人たちの使用するいくつもの概念を、出典に戻って学習したものの、気の利いた発言を研究会の中でできるようにはなりませんでした。

しばらくたってわかったことですが、研究会の仲間たちは、必ずしもその概念が生み出された元の書物に戻ったりはしていないようなのです。そうではなく、定評のある文芸評論などを読む中で、「文学的」な言語モードを習得しているらしいことが判明しました。「文学的」なことばを操ることができるための種本というかマニュアルとして、文芸評論なるものが機能していることを、その頃はじめて自覚したわけです。小林秀雄や吉本隆明という人が、どうも大物らしいので、慣れない書物を必死で読み解こうとする努力が始まりました。ただ困ったことには、それぞれの著作でキー・ワードになっていることばを理解しようとして、一生懸命辞書を引いても、そこにその概念の意味として書かれている別な日本語が、これまた意味不明なものとしてしか受けとることができず、さらに辞書を引いて混迷を深めていくという事態の連続になってしまいました。

いまからふりかえってみれば、それぞれの専門領域において、ある特別な意味を付与された概念が、その領域に精通している人々にとっては使い慣れた用語として使用されていて、他の領域の者には理解することが困難な、一種のジャルゴン（特別なグループの中でしか通用しない専門語）として流通している、ということだったわけですが、当時の私にとっては迷宮に入り込んでしまったような感触でした。

その意味で、一九八〇年代の「ニュー・アカデミズム」が標語になった時代は、こうしたジャルゴンのバブル情況だったとも言えますし、いまではごく普通に使用される概念もいろいろ説明しなければならないような事態だったのです。

もう一つ、決定的に困ったのは、聞いたことのない固有名詞をどう処理するかです。たとえば、亀井さんと研究室で修士論文の話をしていると、「フッサールは」とか「メルロ・ポンティは」といった初耳の固有名が、私が当然知っているかのような何気ない調子ででてくるわけです。その場では緊張して質問するどころではありませんから、その音声が耳に残っているうちに、助手の方に、「フッサールって何者ですか」とか「メルロ……ポンチャン…というのは誰ですか？」と、恥も何もかなぐりすてて聞きに行くことになりますから大変です。現場で質問しなかったということは、知っているふりをしてしまったことになりますから大変です。今度亀井さんと顔をあわせるときまでには、何とか主要著作だけは読んでおこうという強迫観念にかられながら、意味不明な概念の氾濫する世界に、無謀なジャンプを試みることになります。マルクスやエンゲルス、バクーニンやレーニンという固有名に慣れ親しんできた者にとって、フッサールやメルロ・ポンティ、あるいはソシュールやバンヴェニストなどの名は、宇宙人と同じくらいの距離があり、その固有名が付された著書は、まったくの異言語の世界でもあったのです。

ただ、苦痛ばかりの「文学」の言語モードを獲得するあがきの中で、一つだけ大きな収穫があったとすれば、それは日本語とかかわるときの私にとって、辞書を引くことが常態になったということです。これは修士論文を準備する過程で、ほとんど身体的な習慣になっていきました。論文のテーマは、二葉亭四迷における「言文一致」体の生成過程を、先行・同時代の文学的表現とのかかわりの中で考察するというものでした。そのためには、文字面が真黒な、漢文書き下し体の小説群にまず向かわなければなりません。最初に挑んだのは、漢文棒読体政治小説の代表作の一つである東海散士《とうかいさんし》の『佳人之奇遇《かじんのきぐう》』でしたが、とにかくその一ページ目から、読めない漢字熟語が続々と出てくるわけで、私はすっかり「諸橋の大漢和辞典」と仲良しになってしまいました。最初の頃は、一ページを読み進めるのに数時間かかりましたが、ある一定の段階になると、おなじみの漢字熟語が出てくれれば、変にうれしい気持ちになり、次第に頭の中が「悲憤慷慨」調になっていきます。

けれども、読み方と意味がわかっても、どうも釈然としません。会津出身の主人公、東海散士のことばを理解するには、どうしても、戊辰戦争から白虎隊までの歴史的コンテクストをおさえなければなりませんし、彼が知り合ったアイルランドの女性をめぐっては、アイルランドの独立闘争についての最低限の情報が必要です。いきおい「日本史事典」や「世界史事典」とも仲良くしなければなりませんし、それらの事典の記述だけではしっくりしない場合は、図書館の百科辞典のコーナーで、関連する項目から項目へ渡り歩く肉体労働も必要になります。その過程で参考文献のメモが手元に残り、あまり深入りすると、肝心の小説を読むスピードが落ちるとおびえながらも、なじみの深い歴史学の書物に手を出していく破目におちいります。

辞書や事典と仲良くなる中で確信したのは、どうもことばには確たる意味なるものが安定してついているのではなく、意味なるもののかなりの部分は、そのことばをとりまく多様な文脈、コンテクストの中で創られている、というごくあたりまえの事実でした。そして、ふと気づいてみると、「文学」の言語のモードと歴史学や政治をめぐることばのモードとが、私の中で次第次第に摺り合わされ、それぞれの境界を溶かしあっているのでした。

第2部　日本語と格闘する

第５章　アルバイト教師時代

札幌／大学院生

アルバイトの日々

話は少し戻りますが、大学を卒業し、西洋史の研究生になったとき、私の日常にとって最大の問題となったのは、奨学金が貰えなくなったということでした。一九七〇年代は、一方で現在に至る天井知らずの学費値上げがはじまった時期でしたが、他方で奨学金もそれにあわせて値上げされ、学生の生活を支える重要な収入（本当は借金なのですが）源だったわけです。ちなみに、私の場合、大学と大学院の間に一年間のブランクができたために、高校と大学時代の奨学金はいまでも返しつづけています。大学院時代の奨学金は、その後研究教育職についたため返却しなくてもいいということになっています。

つまり、自力で生活費をかせがなくてはならない事態におちいったわけです。もちろん学生時代も数々のアルバイトをやりましたが、これは、お金がなくなってどうしようもないときか、夏休みや春休みにまとめてかせぐ、という、いわば臨時収入的なものでした。だいたい大学の寮にまわってくるようなアルバイトは、いまで言う3K（キケン・キツイ・キタナイ）仕事で、あまり長続きさせることはできないものが多かったと思います。わりと収入のよかったもので言えば、冬場だけですが、深夜の除雪作業。これは除雪車が道路脇に雪をかきあげていく後をついて、四、五人でシャベルで残った雪をかたづけていくという、かなり体力を使うものでした。夏場でいうと、昆布干し。それは、明け方に船でとった昆布を、一枚一枚ひろげて（といっても、北海道の昆布は大きくて長くて重いのだ！）浜辺に干していくという、やはり単調で体力のいる仕事でした。収穫量が多いときなどは一キロメートル以上も、延々と昆布を浜に並べつづけることもありました。

深夜のものでは、車庫いりしたタクシーの洗車。もちろん外側だけではなく、内部もやりますから、酔っぱらいが吐いた車内などは大変です。でも宝探し的魅力もありました。いわゆる所持品の判明する落とし物は、見つけ次第事務所に届けるわけですが、ときたま現金（といってもポケットからこぼれ落ちたつり銭ですから、お札などにはめったに出会えません）が落ちていて、これだけは誰のものかわからないのでアルバイターが取得していいことになっていました。本当は交番に届けなければいけないものなのでしょうが……。

思い出せるだけでも数十種類の仕事をやりました。面白かったのは、それぞれの職種なりにジャルゴンがあり、独特なことばの使用方法があるのを知ったことです。二度とやりたくないのは、覆面レスラーのような目と口だけ穴のあいた毛糸の帽子を顔にかぶって、ススキノでやるストリップ劇場のチラシまき（それでも「よおっ、小森！」と同級生に肩をたたかれたのはなぜだ？）と、汲み取り式トイレ用バキューム・カーのタンク内部の清掃あたりでしょうか。

しかし、研究生になった段階では、定期的に生活できるだけの収入を月単位で確保しなければならないわけですから、そうした臨時収入用３Ｋアルバイトでは身が持ちません。そこで定番ではありますが、家庭教師を二つに、塾の講師と高校の国語の非常勤講師をすることになりました。

教師になる

家庭教師と塾の講師は自分で職を探したのですが、高校の国語の非常勤講師となるとそうはいきません。当然、かつてやっていた先輩からの引き継ぎということになります。私の場合「国文科」の卒業生であるにもかかわらず、西洋史の研究生になったわけですから、「国文科」の、とりわけ大学院の先輩たちにとっては、いわば裏切り者のような位置だったのですが、私の貧窮を心配してくださった当時の助手（現在は、福井大学教授の越野格さん）のはからいもあり、二人の先輩が快く非常勤の職をまわしてくださいました。一つは札幌と小樽の中間にある私立の男子高校、もう一つは札幌市内の私立の女子高校でしたが、いずれも、受験界の序列で言えば、高校に進学できるかどうかの、ボーダー・ラインにある生徒たちが入ってくる学校でした。要するにいわゆる「お勉強」の嫌いな生徒たちが集まる高校だったわけです。

男子校の方は、授業そのものを成立させるところからはじめねばならないような学校で、始業のベルが鳴ったらただちに席に着くことを、生徒の自発的習慣にするための「ベル席運動」を行っていたことなど、いまでも懐かしく思い出します。始業ベルが鳴ったら日直がみんなを席に着かせるようにする「運動」で、それを援助するために、その「運動」期間中、教師は始業ベルの鳴る二分前くらいに教室に姿をあらわし、「もうソロソロダゾ」ということを、身体で示すだけのことにすぎないのですが……。

けれども、この学校の教師たちは、とても民主的な集団を形成しており、かつ一人一人の先生の教育者としての水準も高く、学科会議などでも遠慮なく相互批判がかわされるような雰囲気でした。なにからなにまで初めてずくめの私にとって、この高校で最初に教壇なるものに立てたことは、とても幸運でした。ほうっておけば自発的に「睡眠学習」に入りかねない「古文」や「現国」の授業をいかに活性化するか、教材をどう生徒たちに提示するか、毎週じっくり行われる学科会議では、様々な工夫やそれに基づく実践例などが議論されていきました。

たとえば「古文」では、わけのわからない「文法」から入り、それに基づいて、本文の解釈をさせようとするから学習意欲を失わせるのではないか。とにかく「古文」のことばのシステムに慣れるために、まずは繰り返し読むことが重要だ、ということで一学期間、ひたすら「平家物語」の冒頭部を声に出して読み続ける、という実践も思い出深い記憶です。全員の朗読、グループ読み、個人個人の読みにみんなで批評をする、輪読をする、最後は暗記して声に出してみる。一度も辞書をひかず、説明も解釈もせずに授業を進めてきたにもかかわらず、夏近くになると自然に内容にかかわる議論を生徒たちがし、秋の文化祭の全学年輪読のときには、ほぼ全員が細部にわたる理解を手にしているのでした。

再び『こゝろ』に取り組む

高校で教え始めて二年目、出戻りのように「国文科」の大学院に入った年、私は四月から憂鬱な思いにとらわれつづけていました。たまたま男子校でも女子校の方でも二年生の授業を担当することになり、教科書会社が違うにもかかわらず、両方とも「現代国語」の教科書に夏目漱石の『こゝろ』が載っていたのです。考えないようにしても自分が高校二年だった頃の、あのいやな思い出がよみがえってきます。あれだけ先生や友人から馬鹿にされた読み方しかできなかったテクストを、こともあろうに、自分が高校生に向かって教えなければならないとは、なんというめぐりあわせかと思ったのですが、まわりの先生たちの話によれば、どの会社のものであっても二年生の「現代国語」の教科書に、『こゝろ』が掲載されているのはあたりまえだそうで、めぐりあわせがどうのという問題ではないことを知らされました。

あとからわかったことですが、一九七〇年代に入ると、学年に若干の違いはあっても、ほとんどすべての教科書に、『こゝろ』が教材として使用されることになります。いまはそれほどでもなくなっているようですが、それでも、大学の新入生に、いままでに読んだ印象に残っている小説は何か、というアンケート調査をすると、必ず漱石の『こゝろ』が一位ないしは上位にはいるという状態は変わらないようです。

つまりもう三十年近く、ということは一世代分の年月の間、漱石の『こゝろ』は、「全国民的小説」として受容されてきたことになります。もちろん、自発的に読んだものとしてではなく、教科書で読まされた小説として、「国民的記憶」に蓄積されているわけです。おそらく、それだけのシェアをもっている小説は、やはり教科書の定番教材である中島敦の『山月記』ぐらいでしょう。

なぜ『こゝろ』が高校「現代国語」の定番教材になったかという理由に関しては、いろいろ考えることができますが、一つは、六〇年代後半から、批評と研究の領域の両方で、漱石ブームと呼んでいいような状況が発生していたからだと思います。

三好行雄さんの『作品論の試み』(至文堂、一九六七)が、それまでの作家論中心の研究動向に大きなシフト・チェンジをもたらし、それを受けて盟友とも言うべき越智治雄さんが『漱石私論』(角川書店、一九七一)を出されました。また心理学をふまえた近代日本の心性をめぐる論とも言うべき土居健郎さんの『漱石の心的世界』（至文堂、一九六九）が話題を呼び、日本のフェミニズム批評の草分けとも言うべき駒尺喜美さんが『漱石─その自己本位と連帯と─』（八木書店、一九七〇）を世に問うています。また江藤淳さんのライフワークになっていると言っても過言ではない『漱石とその時代』第一部と第二部（新潮社、一九七〇）が出版されたのも同じ時期です。そして、それまでの漱石像を大きく変えることになった柄谷行人さんの『畏怖する人間』（冬樹社）が発刊されたのが一九七二年でした。

けれども、もう一つの条件として、私の中でどうしても気になってならないのは、一九七〇年十一月二十五日に、市ヶ谷の自衛隊総監部内で、三島由紀夫が割腹自殺をした事件とのかかわりです。別に誰かが意図的にそうしたわけではないのですが、多くの教科書会社が、まるで申しあわせたように、『こゝろ』の「下　先生と遺書」を中心に、しかもKの自殺と、それに呼応するかのような先生の自殺の決意のところを軸に本文を掲載していることに対して、教える側に身を置いてみると、ある不気味さを感じずにはいられませんでした。

こんどは教える側でしたから、この業界に「教師用指導書」なるものがあることも知っていました。男子校と女子校では、それぞれ違った会社の教科書だったにもかかわらず、「指導書」の中身は、まるで口裏をあわせたかのように、Kの自殺と先生の自殺とを関連づけ、「友情と恋愛の葛藤」と解釈し、さらに、先生の自殺を、「明治の精神への殉死」という謎めいたことばと結びつけ、乃木希典の明治天皇への殉死と関連づけようとするものです。私の憂鬱は深まるばかりでした。

しかし、二学期がはじまり、男子校でも女子校でも、ほぼ同じ時期に『こゝろ』の授業が開始されると、まったく予想しなかった事態が展開していくことになりました。両校とも夏休みの課題として、あらかじめ『こゝろ』の全体を読んでおくようにしておいたのですが、いわゆる小説など、日常的にほとんど読む習慣のない生徒たちだったので、こちらとしては、あまり期待はしていませんでした。ところが、いざはじまってみると、クラスの三分の二近くが全編を読みとおしてきていたのです。

これは生徒たちを見くびりすぎたかなと少し反省しましたが、何人かに個別に話を聞くと、最初は、とくに夏休み中は、文庫本を買うつもりもなかった子も、新学期がはじまって、読みとおした子から話を聞いてみて、どうもそれなりに面白そうだという感触を得て、自分でも読んでみようと思いたったそうなのです。口コミ情報が読者を広げていったようで、これはやはり、夏目漱石が常に現役の小説家でありつづけていることの証しなのだと、あらためて思い直しました。

それぞれの高校で、まず全編を読んだ者から最も印象に残ったところを語ってもらって、それに乗じて全編を読み切る生徒をふやそうと思っていました。いっしょに学年を教えている先生によっては、あらかじめ夏休み明けに感想文を提出させて、読んだかどうかをチェックしている方もいらっしゃいましたが、私自身何が嫌いかといって「読書感想文」ほど苦手なものはなかったので、直接討論をするという形式で授業を進めていくことにしました。

男子校での授業

まず男子校の反応で驚いたのは、いつもはあてられてもなかなか口を開かない生徒ばかりなのに、今回ばかりは、自ら進んでまず一言言わせてほしいという子が数人あらわれてきたことです。この子たちに共通していたのは、なにか怒りに近い感情を抱いていたことでした。

一つは、Kと先生の友達としての関係についてでした。それは何人かに共通していたことなのですが、もし自分であれば、誰か女の子を好きになったら、もうがまんができなくてすぐ親しい友人に話してしまう。先生のように、お嬢さんを好きになったことをKに言うべきか言うまいかと悩みつづけ、あげくのはて、Kがお嬢さんのことを好きになって告白をされてから、ぬけがけのように結婚を申し込んでしまうなどということは信じられない、というものでした。

つまり、女の子を好きになるということが、男の友達同士の間で、なにかいけないことのように取り扱われていることが許せない、という反応だったのです。

そのことは、Kと先生の間で、お互いを傷つけるキー・ワードになっている「精神的向上心のない者は馬鹿だ」ということばに対する反発としても表明されました。生徒たちに言わせると、女性を好きになることが、「精神的向上心のない」ことにつながるのは絶対におかしいということでした。「そりゃ、俺らだってふだんは精神的向上心なんか、ハンカクサイとか思ってるけど、やっぱり女好きんなると、なんかこう向上したくなるべサ」と彼らは力説します。

たしかにそう言われてみれば、人を好きになれば、当然相手からも好かれたいと思うわけですから、なんとかして相手に好かれるような自分になろうと思って必死に努力をするはずです。恋愛をすることは当然「精神的向上心」が出てくることにつながる、と生徒たちは確信をもって語るのです。

そんな議論をしていると、だんだん、「先生はお嬢さんのことを本気で好きだったんだべカ」という疑問も周囲から湧き出てきて、人を好きになるとはどういうことなのか、といった話に脱線していき、ふと気づいてみると、ほとんどの発言者が、自分の恋愛体験を少しはずかしがりながら、けれどもかなり自慢気に語り出しているのです。

まあ男子校ですから、「カノジョ」と呼べるような相手のいる子はごく少数で、大方が中学の頃や、小学校高学年のときの、すでに過ぎ去った「恋の話」であり、話し終わったあとに、「でも、いまはツキアッテないンダケド……」とやや寂しそうな声になったりしていました。

しかし、いずれにしても、男の子たちにとって、誰か女の子を好きになるということはとても輝かしいことであって、自慢をしたとしても決して友達に隠すようなことではない、だから、Kに対する先生の態度は変だ、ということになったわけです。いまから思えば、生徒たちは、Kと先生との「友情」と呼ばれている男性だけのホモソーシャルな人間関係の中に潜む、女性蔑視と女性嫌悪《ミソジニー》に気づいていったのだと言えるでしょう。

当然そこから、ではKと先生の「友情」とはいったいどういう性質のものだったのだろうかという問題へと議論は展開していくことになりました。

そこからの展開で興味深かったのは、先生は、本当にお嬢さんのことが好きになりきれていなかったのだけれど、Kに告白されたために急にお嬢さんを大切に思いはじめたのだという、実に鋭く、嫉妬が発生する構造、三角関係をめぐる心理に生徒たちが入っていったことです。

ここからは、いままで発言しなかった生徒の何人かが議論に加わりました。面白いのは、話題としては、Kと先生とお嬢さんという男二人に女一人という三角関係について話していたところが、男の友人に対して劣等感を抱いたことの告白へと彼らが向かっていったことです。

この男子校の生徒たちにとって、劣等感をめぐる話題はお手のものでしたが、実は他人の前でそうした気持ちをことばにしたのがはじめてであったという生徒が、圧倒的多数であったことも事実でした。学校の論理の中で、「落ちこぼれ」てしまった者は、沈黙の中で具体的な解決方法を与えられず、「敗北」している自己を背負うしかない、という現実も浮かびあがってきました。

奇妙なことに、こうした話題が、それまで拒絶の対象でしかなかった先生の心の動きを、生徒たちが理解していく糸口になったのです。

先生は、中学校以来ずっと学校の論理の中でKに負けつづけてきた。勉強でも独立独歩の生き方においても、常にKが一歩先を歩いていた。高等学校から大学にかけては、Kは養家からも学資を止められ、実家から見放されてもなお、自分でアルバイトをしながら学問をつづけようとしていた。先生は両親が死んだ後、土地をお金にかえた遺産を手にし、その利子の半分で生活できるようになったから、お金の力でKに勝とうとしたのではないか。Kにだまって下宿代を払うことによって、先生は、まるでKの父親のようにふるまおうとしたのではないか。だから「財産」の話を「私」という青年としたとき、異様なまでに興奮したのではないか。

私にとってみれば、それこそ考えてもみなかった解釈がどんどん出てきました。しかも『こゝろ』という小説の細部に照らしてみると、こうした解釈を裏づける記述を、いくらでも見つけることができるのです。

生徒たちと議論をしながら強く感じたのは、一つの方向での読み方をしてしまうことは、実はテクストの多くの部分を切り捨ててしまうことになるということです。「明治の精神」に対する「殉死」といった枠組みにとらわれなければ、いくらでも異なった角度から『こゝろ』という小説を読むことができるのだ、という思いを一つの確信として抱くことができました。

女子校での展開

教室に入ったとたん化粧品のにおいに圧倒されるような女子校の方では、「先生」は「奥さん」である静のことを、愛していなかったのではないか、ということがいきなり話題になりました。先生は遺書の中で、繰り返し静のことを愛しているかのように書いているけれども、それは見せかけで、実はまったくそうではないのではないか。静は、「私」という青年に対して、なぜ先生が学生時代の友人の自殺の後、急に人間が変わってしまったのかを尋ねているのだから、当然、静と先生との結婚生活の中でも、何度も何度も同じことが話題にのぼったはずである。おそらく先生は、その都度はぐらかしてきたのであり、そのこと自体が、静の過去に対する思いを汚してきたはずであり、もしそのことに「先生」が気づいていないとすれば、よほど鈍感な人である。とにかく、静に何も言わずに自殺するということは、彼女を愛してなどいないことの最も端的な証明になるはずだ、というようなことが、それこそ『こゝろ』という小説に、怒りをぶつけるように語られていきました。

生徒たちは、口をそろえて、「アタシだったらこんな男、好きにならナイッサ」と言うのですが、そのことを確認すればするほど、なぜ静は、ずっと先生との結婚生活を続けてしまったのか、という疑問がはっきりとした形となってあらわれてきました。

この問題を中心にすえてもう一度小説を読み返したうえで議論をしてみると、生徒たちは、どうしても静が先生のことを好きであった、あるいは愛していたと自信をもって判断できる根拠となるような記述はない、と言い出すのでした。

ではなぜ、先生といっしょに生活をしてきたのか。生徒たちの答えは、「生活のため」、「お金のため」ではないか、ということでした。身寄りの者はほとんどなく、母親にも死なれてしまった静は、先生の持っていた遺産、利子だけで二人の人間が生活することのできる金銭的な力に頼るしか、生活する術がなかったのではないか、という、明治の女性たちの現実に直接触れるような意見が出てきたのです。

「イイ男見つけるには、仕事もたなきゃダメサ」と言い切る生徒たちの声に、私はある励ましさえ覚えました。

いずれの高校でも、『こゝろ』の授業は、指導書が指示する方向とは、まったく別な展開をしてしまいました。それと同時に、同じ小説を読んでも、男の子と女の子では、内容の受け止め方、関心の持ち方、どこにひっかかるかということすべてにわたって、大きな違いがあることと、いまふうに言えば性差による読書体験の違いに気づかされていったのです。

その後、高校での非常勤講師をやっていた六年間、毎年どこかのクラスで『こゝろ』をとりあげざるをえなかったのですが、私が恐いと思ったのは、いわゆる受験校、進学校と認知されている高校の生徒、とくに男子生徒ほど、いわゆる指導書的な読み方に近い発想をするという現実でした。もちろん、あらかじめ「教科書ガイド」の類を読んで、それにあわせた発言をしているという側面もあるでしょうが、過去に犯した罪を内省し、自己否定的に自らを総括することがあたかも「良きこと」であるかのような考え方こそが、いわゆる「学歴社会」を支え、かつ根拠のない論理に基づく競争に、疑問すら抱かずに順応していくあり方なのかもしれない、ということを感じざるをえませんでした。ですから、結局、いわゆる「お勉強のできる子」の多い高校では、その生徒たちの中に、かつてことばに詰ってしまった高校時代の自分を見出してしまい、おのずとこちら側が挑発的にならざるをえず、はじめての『こゝろ』の授業のときの生徒たちの発言を想い起こしながら、それを教室でぶつけていくことになっていきました。

けれども、いったん制度的な思考の枠組みが崩れると、どのような高校であっても、「先生」による過去の意味づけの一面性に対する批判が噴出してくることは共通した事態でした。

高校での非常勤講師の体験は、一つのテクストに対しては、一つの解釈しかありえない、という私自身がそれまでとらわれていた幻想を、完全に払拭してくれました。そのことはまた、一義的な解釈の枠組みそれ自体が、非常に強固なイデオロギーとして「国語」教育の現場で機能していることに気づくきっかけになりました。

進学塾での国語授業

こうした認識は、その頃私のやっていた、もう一つのアルバイトと大きく矛盾するものでした。もう一つのアルバイトとは、進学塾の講師です。私が働きはじめた頃は、それほど大きくはなかったのですが、大学院の博士課程を修了する頃には、北海道で最大手の塾になっていました。

北海道の高校入試の場合、多くの中学生が目指しているのは、公立の進学校に合格することです。したがって、私が主任をさせられていた「国語」科で、夏期講習や冬期講習で教える主要な内容は、北海道全体で統一的に行われる公立高校の入学試験問題をいかに解くか、という点におかれていました。

おそらく、生徒たちにとって、最も「勉強の仕方がわからない」科目は、「国語」だろうと思います。他の科目であれば、それぞれの科目に必要不可欠ないわゆる「知識」を身につける方法が、それなりにはっきりしていますが、「国語」の問題は「知識」を身につけたからといってできるものではないからです。けれども、受験問題が解けるようになった、という実感を生徒たちに持たせられない限り、商売としての進学塾は成り立ちません。塾長からの命令で、私は過去のすべての問題を分析し、生徒にいったい何をどのように教えるべきかというマニュアルをつくることにしました。

その結果、高校の「国語」の入試問題なるものが、いかに言語能力の育成とかけ離れたところにあるのかを、痛切に感じることになりました。

たとえば評論文や説明文の場合は、本文を読む前に、まず問題文を読みなさい、そしてそこで問われている方向に従ってのみ、余計なことを考えずに、本文を読まなければならない、というのが基本マニュアルとなります。たしかに、一般論としても、ある問いを立てた瞬間、その問いの中に答えは内在している、あるいは、問いと答えは、互いに相互補完的な関係をもっている、ということは言えます。

けれども、当時の北海道の公立高校の入試問題のほとんどは、ある特定の、つまりはきわめて一義的な答えを出させるために、問題が配置されている、というものでした。したがって、正しい解答を導き出す技術は、まずいくつかの設問によって構成されている枠組みを把握し、その枠組みだけに即して本文を解読すれば、半ば自動的に解答にたどりつくことができるわけです。

そのような作業は、結局のところ、本文に書いてあることがらについて、生徒一人一人がどう考えるのか、あるいは、そこからどのように自分の考えを発展させていくのかといったこととは、ほとんど無縁のものです。むしろ、あれこれ自分なりの考えをめぐらしたりすることは、正しい解答を導き出すうえでは、余計なあるいは邪魔になる作業になってしまいます。

しかも、ほとんどの設問が、記号による選択式ですから、どの選択肢が正解であるのかを判定するうえでは、本文全体を読まなくても、傍線が引いてある箇所のある段落の要旨さえきちんとおさえておけばいいということになりかねないのです。

とても皮肉なことではありましたが、大学院に入ってから勉強しはじめた、記号論や構造主義の理論的枠組みのいくつかが、進学塾の「国語」の受験指導に大変役立ちました。いわゆる構造主義的なテクスト分析の方法は、まずその中における主要な二項対立を発見するところからはじまります。なぜなら、「構造」とは、一つであると思われていたある「世界」が、複数の、相対立する領域によって構成されていることを認識した結果見出されるわけですから、単純な二項対立を発見していけば、説明文や論説文においては、基本的な論理の「構造」をきちんとおさえることができるのです。

二項対立といっても何も難しいことではなく、「上」と言えば「下」、「右」と言えば「左」という具合に、いわゆる対義語となるような対関係をチェックしていけばいいわけです。そして、複数あらわれてきた二項対立の対を、その文章の中で上位の価値を与えられているものと、下位の価値を与えられているものとに分類して表にします。その表の中に、その文章の基本的な論理「構造」があらわれてきます。もちろん、一番多く出てきた二項対立の対が、その文章の主題だ、ということになります。

設問の問題文の特徴を分析し、いま述べたような本文の構造分析をすると、ほぼ確実に正しい選択肢を選ぶ条件がそろいます。こうした分析方法は、それまで「国語」の問題を何となく勘に頼って解いて来た中学生たちを「わかったつもり」にさせる説得力を持っていました。その意味では、進学塾における商品価値はあったわけですが、こうした実践は、明らかに生徒たちの言語的実践を貧しくするものでしかありません。

こういう言語操作の上手な中学生が、いわゆる受験校と言われる高校へ進学し、余計なことばかり考えている生徒は、受験の世界においては「低辺校」と呼ばれているところへいかざるをえないとすれば、いったい高校入試の「国語」の試験は何のために存在するのか、という疑問につきあたらざるをえませんでした。

自分自身が、中学生の頃から疑問に思ってきた「国語」の授業における解釈中心主義が、こうした「受験国語」によって規定されているという構図が、具体的に見えてきました。

もう一つ、進学塾で働いているときに発見できた重要な事実があります。それは、「国語」の授業という枠組みは、日常的には存在せず、各学期の中間、期末の試験対策と、夏期と冬期の特別講習に限られていたということとかかわっています。

つまり「国語」は、新出漢字や難解語句の意味以外は、知識の積み重ねとは無縁な科目なので学校の試験や入学試験の技術以外は、生徒の側の需要はなかったわけです。だから毎週の平常授業で私が担当していたのは英語でした。一年生のアルファベットを憶えるところから英語を教え、同時に試験の季節ごとに「国語」にかかわってみると、日本の義務教育の最後の三年間、つまり中学校で行われている言語能力の「英語化」の現実につきあたらざるをえませんでした。

日本語能力の低下と英語

私のかかわっていた塾では、「特設クラス」という能力別クラスを各会場に設置して、生徒たちの競争意識をあおっていました。その最初の選抜は、小学校六年生のときに行います。その結果で中学一年の特設クラスが編成されることになります。このとき、いわゆる作文の課題が出されます。

まず最初に私が気づいたことは、小学校六年生のときの作文で、とてものびのびしたいい文章を書いていた子どもたちが、みな一様に、中学に入ると文章が下手になる、という事実でした。

もちろん、小学校六年生のときにいい文章を書く子、つまり言語能力の豊かな子は、それに比例して、算数、社会、理科などの学力も優秀ですから、当然「特設クラス」に入ることになります。その「特設クラス」の優秀な子どもたちの「日本語」能力が、中学に入ると、文字どおり見る見るうちに低下していくのです。

はじめの頃は、なかなかその理由がわからず、ただ首をかしげるだけでした。けれども三年目くらいになると、はっきりとある法則性がわかってくるようになりました。それは、まず第一に、小学校六年生のときの「特設クラス」選抜試験のときの作文と、中学一年生の試験のときの作文との、文体的落差が、「私は」という言葉で文章をはじめるか否かにあるということに示されていたのです。小学校六年生のときには、きわめて多様だった子どもたちの文章のはじまり方が、中学校で一年間教育を受けると、半ば強迫観念的に「私は…」という一人称の代名詞で文章をはじめる子どもたちが八割方を占めるようになるのです。

これは、どう考えても、英語を習いはじめたことの結果にほかなりません。あの、"I am a boy." や "I am a girl." さらには "I am a student." といった、「I」を主語にした、それ自体きわめて不自然な人工的英語を、さらに人工的な英文和訳の「日本語」もどきに翻訳する過程を反復させられることによって、子どもたちは、文章というものは、「私は…」からはじめなければならないものだ、という幻想を抱くようになってしまうわけです。

考えてみれば、子どもたちは小学校においても、「日本語」とはどのような特徴を持った言語なのか、ということについてきちんと対象化するような、体系的な言語教育を受けてはいません。「文法」といえば品詞や文法用語を記憶させられるだけで、「日本語」の文が、どういう基本構造を持っているのか、といったことは、ほとんど問題化されることなく、新出漢字を憶えることに必死になり、あとはテクストの音読と解釈が待ちかまえているだけなのです。どのように「日本語」の文章を書けばいいのか、については、論理的かつ体系的な教育を受けないまま小学校六年間を過ごしてきた子どもたちは、そうであるがゆえに、「日本語」の文章を読む経験の積み重ねを、それぞれの個性において総合し、能力のある子たちはそれなりに優れた文章を、自分の言いたいこと、思っていることを表出できる文章を書けるようになっていくわけです。

けれども、中学に入って英語を習うようになると、子どもたちは、英語の翻訳語としての英文和訳「日本語」をあたかも正しい日本語であるかのように思い込まされていくのです。英語を翻訳することによる「日本語」の再発見。そうであるがゆえに、異様なまでに均質的で、しかも通常使用している「日本語」の話しことばとも文章語ともかけ離れた、英語の翻訳文体が子どもたちの本来持っていた文章能力を破壊していくことになるのです。

たとえば、英語の過去形と対応するのが、文末詞の「た」であり、「過去形」の文章は絶対に文末を「した」と訳さなければ、英語の試験でバツがつくことになりますから、とにかく「過去形」であれば「た」をつけるという訓練を受け、やがて「日本語」の過去形は「た」であると、あたかも文法の時制のように思い込んでしまうのです。もちろん、「た」は、「てーあり」の短縮系ですから、厳密な意味における時制の表現ではありません。

さらに、現在進行形は「しています」、現在形は「る」型か、動詞の終止形、未来形は「するだろう」と教え込まれ、「日本語」の動詞の終止形が、たとえば「今日、あの本を買う」と言った場合、近未来を内抱しているということは忘れてしまうのです。ここに、英語と「国語」の不幸な関係が刻まれていきます。

塾で日常的に英語を教えている私は、とりあえず学校で「正しい」とされている英文和訳の形を教えなければなりません。生徒たちは学校での日常点を上げるために塾に来ているわけですから、その要請には応えなければなりません。しかし、正しい英文和訳の仕方を教えれば教えるほど、生徒たちの「日本語」能力をつきくずしていくことになるという、矛盾のただ中に放り込まれてしまったのです。それでも中間テストと期末テストのときは、国語の試験範囲の予想問題をつくったりして、にわか国語教師もせざるをえません。もちろんテストの予想問題によって、こなれた日本語を教育することはできませんから、矛盾は深まるばかりです。

その矛盾をなんとかするために選んだ一つの方法は、英語の文と日本語の文の違いに自覚的になるような実践を導入することでした。たとえば、"I am a student." と翻訳する通常の正しい英文和訳文は「私は生徒です」だとすれば、そんな言い方は普通はしないよね、と問いかけると、「アタシは中学生です」「僕は生徒だ」と様々なヴァリエーションが生徒たちから出てくるわけで、そこから、一人称の代名詞が唯一のものとしてあるのかないのか、Be 動詞のようなことばがあるのかないのか、という、英語と日本語の差異と、それゆえの翻訳不可能性に自覚的になってもらおうとしました。

実際その作業は、日本語とはどのような言語か、という問題を考えるうえで、私にとってもとても勉強になりましたし、英語を学習していくうえでも、文法事項の論理的枠組みを理解するうえでとても役に立ちました。考えてみれば、中学校の授業の中で、「国語」という教科と

「英語」という教科で使用される、「日本語」の言語モードが決定的に違うということが問題だったわけです。受験用のテクニックしかあつかえなかった私の、せめてもの罪ほろぼし、というところです。

第6章　日本文学を教える

東京／大学教師

同人誌の創刊と大学への就職

五年間の大学院生活は、もちろんアルバイトだけに明け暮れていたわけではなく、修士論文を提出した後の博士課程では、いかにして、自分の書いた論文を活字にして発表していくのかに苦心しました。一九七〇年代後半においては、記号論や構造主義的な言語学の方法で小説テクストを分析し、なおかつ、それまでの文学的評価を脱構築していく方法は、日本近代文学研究の領域では、ほとんど認知されていませんでした。学会誌に投稿しても、理解不可能と言わんばかりの冷たいコメント付きで何度も送り返されてきました。

指導教官の亀井秀雄さんは落ち着いたもので、「新しいことをやるときは、はじめは理解されないのはあたりまえなのだから、自分の側から説得するしかない」と助言してくださいました。おそらく博士課程の最初の段階で長期戦の覚悟を決めることができたことが、その後の私の研究者としての歩みにとってよかったのだと思います。送り返されて来た論文は、訂正することなく、何度もそのまま再投稿しました。

しかし、「自分の側から説得する」といっても媒体がなければ、論文の主張は読者にとどきません。そこで、近代文学研究の先輩にあたる助手の越野格さんや、同輩や後輩たちと語らって、研究同人誌『異徒』を創刊することにしました。小説や詩の同人誌は昔からたくさんあったと思いますが、日本近代文学研究の研究同人誌の例は、あまり多くはありません。ただ、私たちにとっては、かつて、北海道大学の先輩にあたる小笠原克さんを中心に、亀井さんも参加していた、批評同人誌『位置』の存在が、一つの指標になっていました。自腹を切ってでも、発表媒体を持とうという気持ちを支えることができた条件としては、その頃の日本近代文学研究に一つの勢いがあったからだと思います。後に知りあうことになる柄谷行人さんや蓮実重彦さんが、日本の近代文学に対してまったく新しい批評の可能性を、その外部から切り拓きつつあったことが、若い研究者の意識を活性化していたように思えます。私たちの雑誌だけでなく、同じ時期、日本の近代文学をめぐるいくつかの研究同人雑誌が全国で生まれていました。

もちろん自腹を切るわけですから、いわゆる原稿料をもらうのとは逆に、四百字何枚でいくら、という形で自分で支出しなければなりません。その意味では、限られた枚数で言いたいことを全部言おうとする、骨子だけの論文ばかりを書いてきたように思えます。

発行部数もやはり限られていますから、読者も選定しなければなりません。同じ号に執筆した同人と相談しながら、この人にはぜひ読んでもらいたい、と思う人たちに雑誌を送りつけました。

評価されようがされまいが、自分の考えていることは自力で発表していくというスタイルでしたので、学会的な権威などはほとんど気がねする必要もなく、先行者の論を批判することができましたし、そのことによって多くの人々と論争的なかかわりを持つことができました。

ですから大学への就職は、まったくといってよいほど期待していませんでした。その意味で、成城大学文芸学部から、専任講師のお話があったときは、本当に驚きました。自力で出しつづけてきた論文を、きちんと読んでくださっていた読者が、たしかに存在したのだということに確信をもつことにもなりました。

成城大学に就職したときは二十八歳でしたから、何度も学生にまちがえられることがありましたが、学生たちとは、教師というよりもむしろ友人としてかかわることができたと思います(それがよかったかどうかは別にして)。

担当する授業とのかかわりで立てた私の教育方針は、まず、一年生のときには、同じ一つの小説を読んだとしても、読者によってまったく異なった印象を結ぶことがあり、また、異なった印象が発生するところに、その小説の最も魅力のある表現があることを知ってもらえるように、少人数で一つの小説を細部にわたって精読する形式にしました。

二年生は、徹底して理論的な訓練をすることにしました。構造主義的な言語学の成果からはじまり、コミュニケーション理論、物語論、神話学や文化人類学の成果、精神分析など、文学テクストの分析に必要な最低限の理論的装置を、実践的に使えるようにする授業をどうつくるかは、かなり大変な作業でした。あるときには、筒井康隆さんの『文学部只野教授』（岩波書店、一九九〇）をテクストに使ったこともありましたが、やはり、人の書いた本に頼っていると、どうも落ち着きが悪いので、必要な理論を自分なりにコンパクトにまとめて解説する形になっていきました。その成果は、『読むための理論』（世織書房、一九九一）という一冊の書物を同世代の仲間との共同作業で生み出すことにつながりました。多くの領域の異なった性格を持つ理論的枠組みを、文学テクストを読む方法として、学生と共有するという実践は、私自身の理論的な思考を、あらためて鍛え直す作業でもありました。

卒論指導の悩み

三年になると学生たちは、自分が卒業論文を書くための、ゼミナールを選び、そのゼミの教師の指導のもとに論文を執筆していくことになります。成城大学に赴任してから、私が一番頭と心を悩ませたのは、この卒業論文の指導でした。おそらく、ここには古典文学を専攻する場合と、近代文学を専攻する場合との、大きな違いが存在しているようにも思えます。

三年の後期に入ってから、ゼミの学生一人一人と個人面談をしながら、卒業論文のテーマを決めていきます。九割以上の学生が、これまでの読書体験の中で、最も好きな作家あるいは作品を、研究対象として選んできます。それ自体としてはとても自然なことなのですが、好きな作家や作品を卒業論文の研究対象にすることには、大きな危険がともなっています。

二十歳くらいになるまでの読書体験の中で、好きになってしまった作家や作品は、実は、当の学生が自覚している以上に、非常に深いところで、その学生が幼少期から抱えつづけてきた多様な抑圧の集積とかかわりを持っています。もちろん、思春期から十代後半にかけての、最も多感な時期に出会った作家や作品は、その人の人格形成に大きな影響を与えるわけですが、そのこととある特定の作家や作品を好きになるということは質的に違います。

好きになるということは、自分ではそう意識していなくても、どこかで、その作家や作品を自分の心の支えや拠り所としているところがあり、そうした思いが強い場合には、一種の補助自我のような役割を担っていることもあります。

あるいは、心の中で錯綜している複数の抑圧の糸が絡みあったまま、ある小説や詩に、その抑圧の絡みあいと類似した精神の動きを察知して、繰り返しそこに立ち戻ることで、自己治癒をしてきた、というケースもあります。

そのような形でかかわってきた作家や作品を、卒業論文の研究対象にしてしまうと、それまで意識化することのなかった、自分の中にある内なる抑圧と、正面から対峙しなければならなくなります。

これは本人にとって、大変きつい実践であることはもちろんですが、その過程にかかわらなければならない教師にとっても、非常につらい事態になります。その学生が、これまでどのように生きてきて、何を感じ、どこで傷つき、自分のまわりの他者といかなるかかわりをつくり、どのような場面でつまずいてしまったのかを正確に把握しない限り、不用意な感想や意見を述べることはできません。こちらが、学問的なレヴェルでの対話として考えていても、学生の側は直接人格的な問題に踏み込まれたと感じてしまうことが、いくらでも起きてしまうのです。

卒業論文の話をしているにもかかわらず突然泣きだされたり、こちらが予想できない長い沈黙が訪れたり、あるいは明らかに傷つけられたという表情を残して去っていかれたり、後悔をしてもどうしようもないような事態が続々と発生していきます。

もちろん、大学の教師になることを決意するときに、こうした事態が起きることを、十分予測しておくべきだったのでしょうが、私がこうした問題に対して自覚的になることができたのは、成城大学に赴任して三年ほどたった後でした。考えてみれば、私にとっての日本近代文学は外国語で書かれた、自分には理解困難な領域としてあったわけで、ある特定の作家や作品に自己同一化して読むことなど、まったくといっていいほど経験してこなかったということが、この鈍感さの要因だったのです。

しかし、自覚したからといって問題が解決するわけではありません。どんなにこちら側が、好きな作家や作品を卒業論文の対象にするとつらいことになるぞ、と警告しても、それだけは体験してみないとわからないことで、多くの学生たちは、やはり、自分にとって大切な作家や作品を選んでしまうのです。その結果、卒論の締切が近くなると、私の研究室の前には、悪性インフルエンザのときの内科医院のように、ゼミ生たちの行列ができてしまうことになりました。

卒業してしまうと学生たちは、悩める者がゼミに集まってしまうのは、八〇パーセント先生の責任だ、と笑い話にするのですが、たしかにそうかもしれないけれど、こちらも好きでそうしているわけではないのに、毎年毎年同じような悩みを抱かざるをえない事態は、どうすることもできないのでした。

けれども、卒業論文を書くプロセスの中で自分の内側の抑圧と正面から向きあい、それを対象化しながら、抑圧の構造を自覚し、かつその抑圧から解放されることばの道を見つけ出す営為は、非常にすぐれたことばと認識とを生み出しもするのです。こちらが驚くほどの鋭さで、従来の研究における常識的な読みを批判し、自らの分析と解釈について読者を説得する力を持った文体で記述した論文が、必ず生まれてくることも事実でした。もちろん、こうした営為が、通常の意味では「学問的」ではなく、きわめて主観性に満ちたものであることはわかっていますが、一人の学生が、自分のそれまでの二十数年の経験をもとに、まったく新しい小説や詩の読み方を提示できるというのは、やはりその人にとって最も切実な問題とかかわったときなのだと思います。私はそこに、批評性が生まれる源があると信じています。

大学で文学を教えるとは

こうした体験をとおして、私の中では、次第に大学の中における「文学」なるものの位置が見えてくるようになりました。思えば、小説や詩を書かざるをえないような表現者は、通常の言語伝達の仕方では、自らの心の内にわだかまる何かをあらわすことができないというところから、わざわざ小説や詩という形式を選んで表現しているはずなのですから、そこには必ず、常識性や自明性をつきくずすことばの過剰さがあらわれているはずです。その過剰さに読者が直接ふれてしまえば、その人は既存のシステムから逸脱するかそれを破壊するか、というきわめて危機的な状況が生まれるはずです。それまでの大学における「文学」の授業というのは、この過剰さを隠蔽する装置だったのかもしれない、その隠蔽装置と学生たちは卒業論文を書く過程で葛藤し、自分の心の傷も含めて、押し隠された領域を、ことばで対象化していこうとしているのではないか……。こうした思いに、簡単に結論を出すことはできませんが、大学において「文学」を教える、ということそのものが「矛盾」であることに、学生たちの実践をとおして気がつくことができました。

結局、私のゼミの学生たちは、日本近代文学研究の中で、制度化された作家や作品に対する評価と闘うことと、その作家や作品を選んだ自分の中の内的抑圧と闘うという、両面闘争にかかわらざるをえない状況を生きなければなりませんでした。もちろん、それぞれの卒業論文の違いはあるのですが、十年間のかかわりの中で出会った一人一人は、それぞれの立場で、よく闘ったと思っています。

こうした闘いを進めている学生に対して教師にできることは、ごくわずかなことです。基本的には、ことばでつくられたテクストを理論的に分析できる力と、自分が進めている論理的思考の過程を、批判的に対象化していく方法を身につければ、あとはそれぞれの力で、対象として選んだ作家とそのテクストに向かっていくしかないと考えました。

テクストを理論的に分析する方向には、二つあります。一つは、テクストそれ自体を構造的にとらえるための手続きであり、もう一つはテクストを構成していることばの歴史的、社会的、文化的なコンテクスト、広い意味での文脈をできるだけ復元する作業です。

テクストの構造分析

テクストそれ自体を構造的にとらえるための実践の第一段階は、私が塾で中学生たちに教えたように、とりあえずそのテクストにあらわれてくる二項対立的な関係を、できるだけ愚直にかつ律義に抜き出してみる練習です。たとえば「右」に対して「左」、「上」に対して「下」、「前」に対して「後」という対義性をもったことばがあるように、一つのテクストの中には多くの二項対立的関係がちりばめられながら、一つの「世界」をつくっています。それをできるだけ順序立てて抜き出し、なおかつ、その対のどちらに、積極的かつ肯定的な価値が与えられているのか、またどちらに否定的価値が与えられているのかを区別していくと、そのテクストを支配している価値観の基本的な体系が見えてくることになります。

同時に、日本語におけるきわめて常識的な、対義的関係に支えられながら、しかし、かなり異質な、そのテクストに一回的にあらわれる二項対立の関係を抽出することもできることになります。問題になるのは、この特定のテクストに一回的に独自にあらわれてくる二項対立です。それは常識的な体系とは微妙にずれていると同時に、そうであるがゆえに、にわかに、どちらに肯定的な価値が与えられ、どちらに否定的な価値が与えられているかは、判然としないという特徴をもっています。ここまで問題を絞り込むことができれば、そのテクストのかなり重要な特質を抽出することができたことになります。

次の段階では、二項対立的な対を、問題別に整理し、かつ系列化して並べていきます。すると、それぞれの系列の中で肯定的価値を与えられた項と否定的な価値を与えられた項が、どうしても矛盾してくるケースが出てくるわけです。そこに、常識的な価値観に組み込まれることを拒んでいる、そのテクストの戦略性が見えてきます。その瞬間テクストの戦略性と、批評する側がどう向きあうのかという批評の戦略性がただちに問われることになります。テクストの価値体系に対して、批評する側はどういう立場をとるのか。

この立場の選択には、何らかの客観性が与えられているわけではありません。そのとき、そのテクストにかかわるそれぞれの人が、誰に向かって何を論じるのかという、批評する側が身を置いている現実の政治性の中で、個別に選ばざるをえない問題なのです。

安定した二項対立的なシステムに亀裂を走らせるような項目こそ、実はそのテクストが内在させている問題の中心を開示するものになります。その亀裂は、テクストの価値体系全体を崩してしまう力を持っている場合もあるので、それをどう取り扱うかが、論を展開していくときの最大の課題となるといってもいいでしょう。

こうした二項対立的な関係が、物語のパターンを抽出するときにも、重要な示唆を与えてくれます。物語の基本型は、登場人物が、ある世界から別の世界へ、その境界領域を越えて交通を生じさせるという形でつくられます。いわゆる事件とは、この境界領域越えの際、元の世界と別の世界の両側の境界領域で発生します。

二項対立的な関係を系列化していくことによって、この二つの世界の論理がみえてくると同時に、どこに、どのような論理に基づいて境界線が引かれているのかも明らかになってくるわけです。境界線の論理が明確になれば、そこで発生する事件の性格を論理的に抽出することが可能になります。

こうした作業は、中途半端ではなく、テクストのディテールの細部にかかわる形で、精密に行われる必要があり、それが実践できれば、いわゆる「文学的センス」がなくとも、方法的に文学テクストに向かうことができるはずなのです。また文学テクストだけではなく、法律の文章や歴史史料なども、こうした分析を経て、はじめて読んだことになるのだと私は確信しています。

文脈を復元する

小説など、ことばだけで構成された言語芸術における一つ一つのことばは、一方で時代を超えて何事かを伝えることのできる、テクストそれ自体の中で創り出される意味作用を持っていることは言うまでもありませんが、他方で、ある時代における社会の、文化的、政治的、経済的な背景とも密接不可分に結びついています。

同じ、「日本人」が「日本語」で書いているからといって、それをただちに全体として現代に生きている私たちが理解できるか、というと、そう簡単にはいきません。むしろ、時代を隔て、異なった生活慣習や法体系の中で生活していた過去の表現者のことばを読むためには、「外国人」が「外国語」で書いたものを読むときと、同じような他者性を、意識しておくべきなのだと思います。こうした他者性を意識することが、先ほど述べた歴史性を意識することなのです。

たとえば、中学校の教科書にも掲載されている夏目漱石の『坊っちゃん』は、国民的小説と言ってもかまわないほど多くの読者に読まれ、何度も映画化されたり、テレビドラマにもなっています。

『坊っちゃん』の中で、最も有名なエピソードの一つとして、「宿直室」の寝床の中に、生徒たちが大量のイナゴを入れて、いやがらせをする場面があります。この日、はじめて「宿直」の順番がまわってきた「坊っちゃん」は、何もすることがないので、「宿直室」を空にして、温泉に入りに行ってしまいます。そして、その帰りに、街中で校長に出会い、今日は「宿直」ではないかと問われ、さらに、山嵐にも出くわして、「宿直」をさぼっていることを校長や教頭に知られたら大変なことになると注意されます。

こうした筋だけ追っていると、ちょっとした学校業務に対する怠慢のように思えますが、ことはそう簡単ではありません。たしかに現代に生きる私たちは、学校の中に、教師や警備員の人が寝泊まりする場所があり、それが宿直室なのかな、といった類推ぐらいはできます。けれども、明治時代の「宿直」は、非常に重い意味を持つ学校業務の一つでした。「宿直」は、「教育勅語」と密接な関連があるのです。

明治二〇（一八八七）年に、沖縄県尋常師範学校に、天皇の「御真影」（明治天皇の肖像画を、さらに写真に撮り直したもの。これについては多木浩二さんの『天皇の肖像』（岩波新書、一九八八）

に詳述してあります）が下付されて以後、全国の府県立学校に下付されていきます。

さらに、明治二三年には、天皇が、教育によって養成されるべき大日本帝国臣民の人間像を、直接国民に向けて語った「教育勅語」が発布され、その謄本が全国の学校に頒布されます。そして翌明治二四年六月の「小学校祝日大祭日儀式規定」によって、学校の儀式の際には、「御真影」に拝礼し、「教育勅語」を奉読し、「君が代」を斉唱しなければならないことが決められていくわけです。そして、この年の十一月に、文部省は、「御真影」と「教育勅語」の謄本を校内の一定の場所に奉安するように、という訓令を出すことになります。

もうおわかりになったと思いますが、「宿直室」というのは、この「御真影」と「教育勅語」の謄本を奉安しておく場所であり、「宿直」教師の任務とは、「御真影」と「教育勅語」を命をかけて守るものだったのです。

そうすると「坊っちゃん」の行動は、明らかに教育の現場における、近代天皇制の支配構造に違反するものであったことがわかります。同時に「宿直室」にイナゴを入れ、しかも、「宿直室」の上で、足を踏みならした生徒たちも、「不敬罪」に問われてもおかしくない、という事態が浮かびあがってきます。

事実、「宿直室」が一階にあった学校では「御真影」と「教育勅語」の謄本の上を、教師や生徒が歩きまわるのはおそれ多いことだとして「宿直室」を二階に移した例もあります。さらには、「宿直室」が二階にあったために、学校が火事になった際、「御真影」と「教育勅語」を持ち出そうとして、殉職した教師も出ています（副田義也『教育勅語の社会史』有信堂高文社、一九九七）。

不思議なことに、大量に出まわっている大手出版社の文庫本には、こうしたことに対する注釈は載っていません。はたして、こういう「宿直」ということばの歴史性とまったくかかわらずして、『坊っちゃん』という小説が読めるのでしょうか。

これは一例にすぎませんが、一つの言葉が持っている歴史的、文化的、社会的なコンテクストを、できうる限り再現する形でテクストとかかわっていくことができるかどうか、これが私が学生たちに提示している基本作業です。研究対象が新聞小説であれば、まずはその新聞の縮刷版やマイクロフィルムで、小説の周囲に、どのような他の情報が載っているかを確認しながら読む。そこから広げて、同時代のキー・ワードや、ジャーナリズムの中での中心的なことばをめぐって、他の新聞にもあたってみる。明治の作家をやるなら、まず「気分は明治人」にならないと、わかるべきことさえ見えてこない、ということを言いつづけています。

もちろん、言うは易しで、この作業は時間もかかりますし、労力もかかります。本当に、どこまでやれば、同時代のコンテクストがわかるのか、ということも実はさだかではないのです。けれども、こういう作業をとおしてしか、いわゆる「文学」の言語だけを特権化せずに、他のすべての領域の言語との同等なかかわりの中でことばを読んでいくことはできないと思っています。おそらく、こういう作業をとおして「哲学」、「歴史学」、「文学」、「社会学」といった人為的につくられたいままでの大学の学問の境界が溶解し、相互に交通可能なものになっていくはずなのです。とくに、日本の外で、日本語や日本の文学について議論する際には、このコンテクストをどうつくっていくのかが非常に重要な課題になります。

第7章　アメリカで日本語と出会う

カリフォルニア大学／客員教授

アメリカの学生たち

一九九九年の一月から三月までの一学期間、私にはカリフォルニア大学アーヴァイン校で教える機会が与えられました。私が担当したのは学部四年生の日本語の授業と、日本近代文学を専攻する大学院生たちとの演習でした。学部四年生の日本語の授業は、必ずしも私の属している人文科学部の東アジア言語文学科の学生だけがとるわけではありません。ある程度の高い日本語能力を持った学生を対象とした授業で、参加してきた学生たちは建築や数学や遺伝子工学といった理系の専門分野から、政治学や経済学といった文系でも文学とは無縁な学生たちが大半でした。

日本語を大学で専攻しないでも、それなりの日本語力を形成してきた学生たちには、当然のことながら一人一人日本語を獲得するに至る個別なバックグラウンドがあります。日本人の両親のもとでアメリカで生まれた人。小学校ないしは中学校のときに親の仕事の都合でアメリカに来て、そのままアメリカで進学した人たち。あるいは、祖父母の世代がアメリカでの永住権を得た日系の人。また逆に、子どもの頃親の仕事で五、六年以上日本に滞在した経験をもつ、台湾系あるいはユダヤ系の人たち。

いずれにしても、それぞれの日本語習得の経緯をめぐる自己紹介自体が、日本とアメリカの様々な関係性をあらわすエピソードに満ちていました。そして中に一人、交換留学生で渡米してきた日本からの留学生もいました。このクラスでは、最初、樋口一葉の『たけくらべ』を歴史的なコンテクストをできるだけ幅広く調べながら精読することにしました。このクラスの全員が、文学テクストを、そういう形で読むというのは、はじめての体験のようでした。したがって、自分で調べることのきっかけになるように、それなりに詳しい注釈がついているテクストを選びました。

学生たちと交わした約束は、ことばの辞書的な意味だけで「わかったつもり」にならないで、ひっかかることや、気になるところはなんでも質問をし、議論をしながらやっていこうということでした。この約束がクラスの在り方を決めてしまうことになっていきました。

最初の発表者の第一声は、「『たけくらべ』という小説は、日清戦争の終わる頃、『文学界』という雑誌に発表され……」とはじまったのですが、ここでもう「スミマセン」と手が挙がり、「日清戦争ッテ、ドンナ戦争ダッタノデスカ?」、「『文学界』ハ、ドノヨウナ性格ノ雑誌デスカ?」という質問が出てしまいました。発表者も、まだ中味に入らないところでの質問でしたから、いささか面くらったような顔をしています。ここぞとばかり、日本からの留学生に「どうですか」と振ってみたものの、彼も「たしか一八八四年から八五年にかけて、日本と清国の間で闘われた戦争だということは知っていますが、受験で日本史をとらなかったので、ドンナ戦争と言われても、それ以上はちょっと……」と困っています。それならばということで、私が口を開くことになったのですが、「日清戦争トハドンナ戦争ダッタノカ」を語るということがいかに難しいかということを痛いほど思い知らされることになりました。

少し考えただけでも、「日清戦争トハドンナ戦争ダッタノカ」という問題は、充分一年間の講義のテーマになりうるものですし、その全体を語りつくすには、一冊の本を著さなければならないでしょう。

しかも清国と日本の戦争の直接的なきっかけは、日本の朝鮮への植民地的侵略にかかわる問題ですから、明治維新後の朝鮮に対する日本の政策から説きおこさなければなりません。そして、その「日清戦争」についての説明が、『たけくらべ』という小説の世界と有機的に結びあうように話を構成していかなければならないわけです。

そのように思いいたった瞬間、「日清戦争」ということばは、歴史叙述の中で使用される一般名詞ではなく、固有名とでも言うしかない生々しさでいま自分の前に投げ出されているのだということを強く感じざるをえませんでした。

おそらく、日本の大学での授業であれば、「日清戦争」ということばは、「わかったつもり」の一般名詞として、学生の側も質問などしなかったでしょうし、教師である私の側もあえて説明しようとは思わなかったでしょう。けれども、それは「わかったつもり」ではあっても、決して「わかっている」わけではなかった、ということがはっきりと自覚されました。

私は、必死で頭の中を整理しながら、『たけくらべ』という小説を読むうえで必要な、「日清戦争」をめぐる情報を一つ一つ確かめながら語っていくほかはありませんでした。当然、『たけくらべ』には、吉原の遊郭が舞台になっているわけですから、日本の軍隊と公娼制度の深い結びつき、なによりも軍隊の兵士を性病に感染させないための「検査場」という、『たけくらべ』のキー・ワードにもふれなければなりませんでしたし、「日清戦争」による戦需景気の問題と遊郭のにぎわいとの関係にも語りおよばねばなりませんでした。

気がついてみると、四十分余りも「日清戦争」について語っていました。けれども学生たちは、その「日清戦争」をめぐる話の中のいくつかの問題にさらに質問を発し、ついにその日の授業は、本文に入れずじまいでした。しかし私にとっても、学生たちにとってもこの出発の仕方は、とてもよかったように思います。「わかったつもり」にならない、ということは、一般名詞化してしまった一つ一つのことばと、あたかも個別的な長い人生を歩んできた一人の人間と出会うかのように、固有名としてかかわり直していく実践なのだということが共有されていったのです。

その日の授業のあと、一人の学生から次のような希望が出されました。

「今日、プロフェッサーがお話しになったようなことを、自分で勉強したいのですが、適当な本を紹介してもらえませんでしょうか。私は、漢字があまり読めないので、できれば英語の方がありがたいのですが……」

当然と言えば当然の申し出です。いや、非常に意欲的に学んでいこうとする態度表明です。私自身の作成したシラバス（講義概要）にも、リーディングスという項目の中で、二十冊ほどの書物（そのうち十五冊は英語の文献）をあげておきましたが、たしかに「今日」「お話しになったようなこと」、つまり明治以後の日本の近代化の中における帝国主義戦争の問題を知るうえでは、きわめて不十分な、いわゆる「文学」に偏向したリストアップにしかなっていません。

とりあえずその場は、「わかった、努力してみるよ」ということで切り抜けましたが、さすがに「はい、わかりました」と答えるわけにはいきませんでした。なにしろ、日本の近代の歴史、とくに日清戦争前後のことについての適切な参考文献を、しかも英語で書かれ、ないしは英語に翻訳されたものをただちに思い浮かべることはできないわけですから……。

これは、思ったとおり、大変荷の重い宿題となりました。まず、同僚の近代文学専攻の教授から、大学の図書館にある近代史関係の書物を紹介してもらい、さらには、同じカリフォルニア大学系列の図書館の蔵書を大学院生に手伝ってもらいながらコンピューターで検索しました。もちろん、著者と題名だけでは判断できませんから、その後は必死の図書館通いがはじまります。かなりの蔵書を持っているUCLAは、フリーウェイを車でとばして一時間くらいですからたすかりましたが、とにかく、手間隙のかかる作業です。

翌週の授業で、ただちに敗北宣言をし、「基本的な文献から、毎週順次紹介していく」ということで学生たちには了承してもらいました。つまり、英語圏における近代日本の研究について私自身がどれだけ無知であったかを、一つ一つ知らされていくことにもなったわけです。

けれども読みすすんでいくほどに、そう甘くはないことがわかってきました。たとえば、『たけくらべ』の中心人物の一人に、田中屋の正太という少年がいます。彼は祖母と二人暮しで、稼業の高利貸を手伝い、毎朝町内を回って日歩をとり立てている。小説の中で、田中屋はもと質屋だったという記述があり、どうも祖母は質屋の再興を目指しているらしい。「質屋」と「高利貸」の違いをめぐる説明から、当然話は日清戦争前後の日本の金融業の在り方におよび、私は経済学の書物を調べて紹介しなければならなくなる。竜華寺《りゅうげじ》の信如《しんにょ》の父親が、なまぐさ坊主なのに、その「宗派」ゆえにおとがめなしというくだりでは、近代日本の仏教にかかわる書物を探してこなければならなくなる。「わかったつもり」はやめにしようという学生との約束は、みごとにこちら側にはねかえり、質問が出るたびごとに、それこそ泥縄式の文献調べに走り回ることになっていきました。

学期が終わる頃には、私たちが共有したブック・リストは百冊近くにおよび、あらためて、一つの小説を読むということがどのような言語的実践なのかと痛感させられました。「どんどん宿題がふえていくだけですね」という学生たちの感想は、そのまま私自身の感想でもありました。

国境の町の日本語

アーヴァイン市から、フリーウェイの五号線を南に二時間程いくとメキシコとの国境があります。アメリカからメキシコに入る際はほとんどフリー・パスなのですが、逆にメキシコからアメリカに入る際には、きびしいチェックが行われるところにも、二つの国の政治的かつ経済的な状況の違いがはっきりとあらわれています。私は何度かその国境を歩いて渡りました。アメリカ側の国境の駐車場に車を止めて、鉄の回転ドアを二つ（アメリカ側とメキシコ側）おしてメキシコに入ると、まさしく国境を越えたという思いになります。

メキシコの国境沿いのティアファナという町のメイン・ストリートは、買物目当ての観光客用の店がずらっと並んでいます。この通りを何度か歩いて強く感じたことは、それぞれのお店の前に出ている呼び込みの人には、ただちに日本人であることが見抜かれてしまうということです。この通りを歩いている人たちの着ているものはだいたいTシャツとジーンズなのですから、コリアンやチャイニーズの人たちといったいどこで区別するのかはまったくわかりませんが、必ず、呼び込みの人から日本語で呼びかけられるのです。
　この日本語が、理由はわかりませんが一つ一つのお店の呼び込み人によってそれぞれ異なっていて、しかも、どうも日本語はそれだけしか知らないらしく、五回ほど訪れたのですが、毎回各店から一定の日本語が発せられるのです。とても奇妙な印象を抱いたので、三回目くらいのときにメモをとってみました。

「ミテッテ、ミテッテ、ヤスイカラ」
「イイシナ、トモダーチ」
「アメヨココヨリ、ヤスーイ、トテモ、ヤスーイ」
「へーイ、サトウサン、タナカサン」
「ミルダケ、ミルダケ、イイヨ」
「トモダーチ、トモダーチ」
「キン、ホンモノ、ギン、ホンモノ」
「アサクーサ、アサクーサ」
「ヤスイーヨ、ヤスイーヨ」
「オキャクサン、イイモノ、イイモノ」
「シャッチョーサン、コッチ、コッチ」

「マケルヨ、ビンボーショーバイ」

「モッテケ、ドロボー」

「センセイ、ヤスイ」

そして、「フロア・ショー・ストリプティーズ」という看板をかかげたお店の呼び込み人は「ニイサン、スケベ」と大声を出していました。もちろん、それぞれの呼び込み人が自らの発している音声の意味を把握しているのかどうかはわかりません。

けれども、呼び込み人から日本人だと認知され、こうした音声をぶつけられてみると、実に複雑な思いにとらわれます。いったい誰から彼らは、その「ニホンゴ」らしきものを教わったのか。教えた側は、どのような「日本」や「日本人」に対するとらえ方を持っていたのか。苦笑するだけでは済まない恥ずかしさにとらわれざるをえませんでした。

これらの「ニホンゴ」には、しかし、ある種の「日本」や「日本人」に対しての世界的に流通してしまったイメージが内在しているとも言えます。物を売る人たちの声の中に、最もあけすけな、一つの国とその国に住む人々に対する評価があらわれてくるのかもしれません。

この町のメイン・ストリート、レボリュション通りのお店では英語が通じます。ただ、レストランなどでは、必ずといっていいほど英語での注文を受けた後、あたかも教えさとすようにスペイン語で同じことが反復されます。そして通りが一本かわると、そこには、地元の人たちの日常品を売る店が立ち並び、スペイン語しか通じなくなります。同時に、ガムやキャンディーを売ろうとしたり、物乞いをしている子どもたちや乳飲み子を抱えた女性たちが、スペイン語を話さないことにも気づかされます。

ことばの問題が、同時に、人種や職業そして階級の問題であったりすることが、国境の町を歩いているとある痛みをともないながら認識されていきます。

そのことはまた、自分がカリフォルニアで日本の近代文学について教えながら、いったいどのような質の「ニホンゴ」をここに残していけるのか、またその実践を経て、どのような質の「日本語」を持って帰れるのか、という問いかけにもつながらざるをえない思いでした。

ビバリー・ヒルズの一人芝居

ちょうど、セント・ヴァレンタイン・デーと日曜日が重なった二月十四日の夜、私の授業を受けている大学院生たちと、私はビバリー・ヒルズにある小さな芝居小屋に出かけました。院生の一人が、大学の教師と学生でつくっているゲイ・ムーヴメントの組織で知りあったという役者が一人芝居をやるということでした。出身はその院生と同じ、ケンタッキーの農村地帯だということです。

客席の照明が消えると、ジーンズのオーヴァーオールを着た小柄な青年がスポット・ライトに照らし出され、小さなしかしよく透る声で、題名は思い出すことができないけれども、たしかに私もかつて何度か聞いたことのある、アメリカ民謡を口ずさんでいます。その青年は、自分がニューヨークでの演劇活動に耐えられなくなり、車で、ニュージャージー州からケンタッキーにある自分の家に辿りつくまでの長い旅の間に、自分の記憶をよぎっていった人々とそのことばについて話したいと思います、という前口上を述べはじめました。

そして暗転。

聞こえてくるのは「スワーニー河」のハミング。

照明が点灯し、舞台にあらわれたのは、ネッカチーフをかぶりエプロンをかけた同じ青年。やがて脇の壁にたてかけてある、ほうきの方へゆっくり歩みながら、ハミングの声が小さくなっていきます。ほうきを手にした瞬間、青年の身体が明らかに女性のそれに変わっていることに驚かされました。

ほうきを使って掃除をしている身体から発せられる声は、日照りつづきのため収穫が少なかったことに落胆し、この一か月ほど酒びたりになっている夫に対する愚痴からはじまり、購入したばかりのトラクターの借金が大変だという話になり、やがて、そんなに本ばかり読んでいないで、「あなた」がはっきり農場の跡を継ぐって言ってあげないと、お父さんもかわいそう……という、何者かへの呼びかけとなるモノローグを語っていました。

この声が語りかけている「あなた」＝「YOU」とは誰だろう、という疑問を抱いた瞬間、たしかにその劇場で二人称的に語りかけられているのは、私たち観客だということになるのですが、「YOU」が指しているのは個別の誰かで、それがケンタッキーの家を出る前の、あの最初に舞台に出てきた青年であると気づいたとき、いまその青年が演じているのは彼の母親なのだという関係が納得されていくのです。

舞台には大道具らしきものはなく、板づくりの壁と、その壁にうがたれた窓があるだけで、おいてあるのは、古びたロッキング・チェアと布巾のかかった小さな丸テーブル。必要な小道具は、みな壁にかけてありました。

釘にひっかけてあるキャップのつばを後ろにしてかぶると、一日一人客が来るか来ないかというひまな生活について不満をもらす、地元のガソリンスタンドの若い店員となり、タオルを頭に巻くと、自分の恋人のことを自慢気に話す風呂あがりのお姉さんになります。

ロッキング・チェアの上に置いてあった一冊の本は、ワーズワースが好きだった学校の先生の語りの際には詩集の役割をはたし、聴衆を煽動しつづける宗教的アジテーションを行う教会の牧師を演じるときには聖書にもなりました。

もちろん、ロッキング・チェアは、祖父と祖母を演じるときには不可欠であり、ポケットから出した眼鏡をかけテーブルの布巾を頭に巻くだけで祖母の身体に変身したとき、一冊の本は、彼女が愛読していたヴィクトリア朝小説（たぶん、ジェーン・オースティンの『自負と偏見』だと思う）に早変わりします。こうして、青年が育った家の家族や周囲の人々の声と身体が暗転と歌によって転換されながら淡々と演じられていったのです。その間に、時々の青年自身の姿もはさまれていきます。

観客から一番笑いをとったのは、布巾をとったテーブルに置かれていた料理用のボールと小麦粉を使いながら、一九七〇年代にはやっていたらしい、お笑い料理番組の物真似をしたときでした。もちろん、私はその番組を見たこともなければ、そのときの司会者が誰なのかも知らないので、現在でも続いているこの手の番組の雰囲気から、そう想像したのですが、あとで院生たちにたしかめてみると、やはりそうだったということでした。それにつけ加えて、当時の人気アニメの複数のキャラクターの声優の物真似も間に入っていたということを教えてくれました。さすがにそこまでは気がつきませんでした。

この一人芝居を演じた役者さんの、友人である大学院生から感想を問われた私は、思わず「とても懐かしい気がした」と答えました。すると彼はとても意外そうな顔をして、「私はケンタッキーの同じ地域の出身だから、とても懐かしかったけれど、プロフェッサー・コモリは、どうして懐かしいと感じたのですか」と質問を返されてしまいました。

私の方も、すぐ答えを思い浮かべることはできませんでしたが、一つだけはっきり感じたことをまず返事しました。

「彼のお芝居に出てくる人たちが話していたことばは、とくにお祖母さんやお母さんのことばは、あなたたちが話している〈英語〉と、なにか違う感じがしたのだけれど、でも、はっきりどこがどう違うかは、うまく言いあらわせないな」

「あれは、ケンタッキー訛りです。私の祖父や祖母もああいう話し方をしたことは記憶していますが、私自身はもう話せません。彼も日常的には標準英語を話しています。このお芝居のために、故郷の近所の老人たちに教えてもらったそうです」と、その大学院生は教えてくれました。

いよいよ、私の懐かしさの理由は説明不可能な状態に追いつめられてしまいました。一度もケンタッキーに行ったこともなく、ケンタッキーの人たちの〈英語〉と標準英語との違いすら個別には聞き分けられない私にとって、なぜケンタッキー〈英語〉が懐かしかったのでしょうか。ロサンジェルスからアーヴァインに帰る車の中で、私はずっとその院生と議論しながら帰りました。

その夜役者さんをむかえての打ち上げの会で、私の感想を彼に直接伝えると、彼はとても喜んでくれて、「私とまったく異なった文化や言語の中で生きてきた人に、私の家族や近所の人たちが、懐かしい人たちとして感じてもらえれば、この芝居は成功したのです」と言ってくれました。私たちは、一度ゆっくり話をしようという約束をして帰路につきました。なぜ彼が、きわめて私的な、家族や近所の人たちの物真似をしたのか。観客みんなが大笑いをした料理番組の物真似は、テレビというマス・メディアによって、多くの人に知られている対象がパロディ化されているから笑いをさそうわけです。事実その日の観客のほとんどすべての人が、その番組の記憶を共有していたようです。物真似が芸として成立するのは、物真似の対象が有名で多くの人に知られているからです。けれどもあの役者の母や祖父母、姉や学校の先生など、誰も知らないのです。打ち上げの席で、多くの人が、「あの登場人物たちはみんな実在の人か？」という質問を浴びせましたが、みな実在の人だということで、固有名まで教えてくれました。

帰りの車の中で、私は院生にこう言いました。

「あのお芝居は、私小説ならぬ、すぐれた私芝居なんじゃないかな。誰も知らない、たった一人のことでも、それに本当にすぐれた表現が与えられれば、ある普遍性をもって、観客に伝わることもありうるのじゃないかな」

院生は、こう答えました。

「それは私芝居がすぐれていれば感動したり、感激したりということはありうることだとは思います。でもそれは、プロフェッサー・コモリが懐かしいという感情を抱いた理由の説明にはなっていないと思いますが」

その時、私は、ふっと、アメリカに来る前に、演出家の平田オリザさんと行った対談を思い出していました。

第8章　声と身体で表現する日本語

東京／カリフォルニア

身体と言語の抑圧

日本の近代演劇と近代の日本語教育の関係を問い直してみようという平田オリザさんとの対談（『季刊演劇人』、第二号）の中で、平田さんと私は、次のような議論をしています（司会は菅孝行さんでした）。

平田　声の問題は、日本の演劇はいまだに大きく引きずっていますね。とにかく声を一つにする方向でずーっと来たわけです。それで、世に言う新劇的発声という非常に奇妙な発声を生み出してしまった。これはそうとう蔓延《まんえん》しているわけです。どんな個性のある子どもでも、古いタイプの高校演劇なんかでは、みな同じ発声になるんですね。それは、一つには高校演劇は非常に大きな会場でやるんで、その発声法というのは便利ではあるんです。軍歌と似たようなものですね。それから、新劇とはまた違う高校演劇的節回しというのもあります（笑）。

小森　つまり、声の複数性が、意識的に選択されてこなかったのではないかと思うんですよ。

平田　それはまさにそうなんです。それがどうして高校演劇で酷《ひど》くなるかというと非常に単純で、大人だったらまだ抑制がきくんだけれど、高校では先輩が後輩に教えるでしょ。理屈がないんですよ。これがいいんだ、これがカッコイイんだってことになるから（笑）、それはもうかわいそうなんです。体育会系以上に精神性のシステムが働きますから。体育会系だと、試合の勝ち負けという要素がありますから、いくら先輩がいいって言っても、科学的な何か新しいトレーニングがあって、それがどうしてもよければそっちを採用せざるをえないんですが、演劇の場合は先輩が強弁できますから、「いや、あの審査員はまちがっている、私たちの演劇はこれなんだ」って。それは一回できてしまうとなかなか強固なシステムなんですね。

だから、そこまで考えると、最初に問題になった明治の最初の十年ないし二十年の内戦状態というのが非常に演劇的であったというのはよく分かりますね。たぶんそれは日本のいまの高校演劇と同じことが行われているんですよ（笑）。中学卒業した子が、たかだか半年でそうなれるわけですから。

でも、それはすごいことです。人間というのは本当にふだんの生活とは違う声とかを出しても、強制された集団の枠組みの中では、違和感を感じなくなる。身体の動きとかも、まったく違和感を感じない。私たちから見ると、それはすぐにわかるんです。高校演劇で何をやっていたかということがすぐにわかるような、はっきりとした「架空の身体性」を非常に短時間で獲得してしまう。あるいは獲得できてしまうということは、すごいなあと思うし、それが明治期には国民的に行われていたというのはびっくりすることだし、逆に根拠もあることだなと思います。

小森　そういう意味では、子どもたちの身体と声を、一気にあるマニュアルの中にはめ込んで、いわば自己を他者化していくことが、何の根拠もないんだけれどいいことだと、学校、とりわけ義務教育の場で教え込んでいるわけです。そこには義務教育における「国語」という教科の問題も絡むわけですが、「国語」の教室ほど、日常言語から離れた異様な日本語を教師が語り、生徒も語らされている場はないと思います。同時に「国語」における抑圧言語が学校全体に波及していくわけです。もちろん、数学や理科や体育の授業における言語という形で、教科ごとの言語があるわけですが、すべてが生活言語からかけはなれた異様なことばとして、屹立しているわけです。だから、教育現場における教師の発することばと、教室で生徒が語らされていることば、これらはまさに学校という舞台の中で、一種の「学校人間」になる演劇教育が、誰もその責任を取らずに、延々と全国的に反復されていると考えるべきではないでしょうか。

平田　なるほど。

小森　学校で形成されている事態の異様さというものが何であるのか。学校では生徒の身体と言語に対して「教育」という名の暴力が振るわれているという自覚を教師がまず持つべきなのではないかと思います。身体的には四十五分間教壇に向かって座ってなくてはならない。しかしそうした身体を本当に強制すべきなのか。がんばっている組合の先生でも、生徒がちゃんと前を向いて座っているのが良い授業だという観念から離れてない。でも、あんな不自由で異様な姿勢はいやなわけですよね、子どもは。小学校の一年生でも五月ぐらいまでですよね、「いやだ！」って言えるのは（笑）。あとはしかたがなく、学校における身体矯正にしたがっていく。しかし、子どもたちの身体に向けられている国家的暴力に教師は無自覚に加担していいのか？　それが教育なのか？　まずそういう問いを最初に立てないと、いまの時代の教育をめぐる問題は解決の方向が見えてこないと思う。

では何が一番抑圧されているかというと、子どもたちの個別なことばと身体です。たしかにいまはみんなテレビを見ているし、どの家もサラリーマンだし、一九六〇年代ぐらいまであった家庭によることばの違いというものがほぼ失せつつあっても、学校に入ってくるまでの一人一人の子どもたちの持っている個別的な言語体験というものがやはりあるわけで、その中における子どもたちの言語能力を、どうしてまず教師は把握しようとしないのかと思うのです。

一年生で読み書きは覚えなくてもいい。もちろん「お受験」を目指して幼稚園で読み書き教育をやることは絶対罪悪です。声の記憶というか、文字を介在させない記憶力をどこまで保持させていくのかということがむしろ重要な教育だと思います。たとえば小学校一年生の「国語」

の授業では、ずーっといままでその子たちがかかわってきた他者のことばを再現することをやるべきではないでしょうか。お祖母ちゃんやお祖父ちゃんの物真似、お母さんのしかり方とか、お父さんのムッツリする瞬間とかを教室で演じてみる。子どもたちの言語能力というのは、小さい頃から、非常に鋭く、しかも驚くべき記憶力で大人の世界を観察していて、それをまず演劇的に再現することで形成されていきます。ことばの意味はわからない、でもまずそのことばを、あいつらこんなコンテクストで、人的配置も含めて使ってるんだっていうことをぱっとつかんで、それでやるわけですよ。大人が使うことばを言いたくてうずうずしてるわけだよね、子どもは。

たとえば、その家の親が総理大臣の国会答弁をテレビで見ながら「糾弾!」とか言ってればさ、三歳ぐらいの子は今度どこで「糾弾!」って使うか（笑）、虎視眈々と狙っている。そこらへん『クレヨンしんちゃん』は非常にうまく表現しています（笑）。どうして、そういうことが教育という現場の中に取り入れられないのか。そこが学校言語の貧困さだと思います。

概ねどんな近代国民国家を見ても同じような言語教育をしているわけですよね。けれども、もう学校で身体と言語の矯正をやらなくてもいいんじゃないか。ほっといても日常生活の中で、かなりの均質化は身につけてしまうのですから。近代国民国家がいいとは思わないけれど、とりあえずあるから、そこに順応していく訓練というのは確かに必要である。しかしそれだけが学校でやるべきことではないという決断を、一斉にすべきではないかと思うんですよね。

個別のコンテクストを

平田　いま、個人のコンテクストの問題というのがすごく大きくて、結局、あらゆる共同体は本来は、個々人のコンテクストを摺り合わせることによってより大きなコンテクストをつくっていくわけですよね。それが方言であったり、国家の言語であったりするわけですが、それを、共同体の作業をつくることを急ぐ場合には、逆のことが起こるわけです。まさに明治の日本のようなことです。

いま、学校でもまさに同じことが行われているわけです。さっき言ったワークショップで「他人に話しかける」っていうことで手を挙げてもらうというのも、実は私たちはこんなに違うコンテクストを持っているんですよということを実感してもらう意味もある。他人に話しかけるかどうかというのは、大人になってもずいぶん守られる珍しいコンテクストの一つなんです。だいたいは均質化されますが、そこらへんのところは壊されないので、そうするとそこでは「旅行ですか？」ってセリフがあるんですが、でも、このセリフは日本語で書かれているからすべての人が言えるように思っているけれども、その、手を挙げてもらった人たちの少なくとも三分の一ぐらいの人は絶対にいままでの人生の中で「旅行ですか？」とか、それに近いことばは言ってないはずなんです。だって自分からは話しかけないって言ってるんですから。だからその人にとっては「旅行ですか？」という言葉はその人のコンテクストの中には入ってないはずです。だからそれを俳優に「言え！」と強制しても、まずは言えないはずなんです。それはチェーホフの「銀のサモワールでお茶をいれてよ」というセリフを日本人の俳優の身体がすらっとは言えないのと同じように、そのぐらい本来は断絶があるはずなんですが、「旅行ですか？」と日本語で書かれていると、それは誰でも言えるし言えなきゃいけないものだと俳優は教育されてきている。そういうふうに自分のコンテクストをうまく拡げられる俳優が、いままでは良い俳優だったんです。

それは学校教育の中でもいっしょです。僕がよく例に挙げるのは、新婚夫婦は、必ずコンテクストの問題で喧嘩をする。喧嘩をすることによって、たとえば、一つの机を机と呼ぶかテーブルと呼ぶかが決まってくると思うんです。二十年経っても決まらない夫婦っていうのはいない（笑）。必ずそれはどっちかで決まっていくわけだけれども、最初のうちは「ちゃぶ台持ってきてよ」って夫が言うと、妻がなんだか変なものを持って来ちゃって、「これじゃないよ、あれだよ」「あれって言われてもわからないわよ」というコンテクストのぶつかり合いから本来は始まることだと思うんです。

だから、本来は学校という共同体をつくるのなら、知識をあらかじめ持っている教師の側は、最初は何一つ語るべきではないはずなんですね。

小森　そうですね。そこにあらかじめ共有項があるというふうに設定すべきではないのです。

たぶんいまの日本の教育の現場で出てきている問題をどこから変えていくかというと、一人一人の個別的コンテクストを学校に持ち込むことしかないと思うんですよ。要するに、コンテクストの違いを「異交通」的に延々摺り合わせるべきなのではないか。そのことをどれだけ組織的に現場で実践できるのか。だから文部省が「国語」で「表現」のウェイトを上げるべきだというのなら、子どもたちの言語形成のコンテクストが教室であらわれるような授業をやれ、という指令を出すべきですよね。

ただ、一人一人個別の生徒たちの抱えているコンテクストが出てきたときに、教室でどのような事態が発生するのかということも、教師の側の心づもりとしては用意しておいた方がいい。

平田　そこは重要な点ですね。ワークショップの場合には、プロが介在しないと声のでかい人が勝ちになるんです。僕はそこに、アートという技術が介在する余地があると思っています。その現場で、コンテクストの差異をはっきりさせてあげるのが技術だと。だからその意味で、これからの教師には、アーティスティックな技術が要請されると思います。あなたとあなたはどこが違うのか。たとえば「旅行ですか？」という声をかけられる人とかけられない人がいて、その差異を明確に形にする。何が違うのか、どういうふうに違うのか、じゃあそれを摺り合わせるにはどうすればいいのか。

ワークショップの話に戻すと、そこで回路がいくつかあるわけです。たとえば場合によっては声をかけられる人がいる。その場合というのを、つきつめていくと、これは楽に声をかけられるわけです。そういういくつかの接点を模索する。どこかに接点があるはずなんです。その接点の選択肢はこういうものがあるんじゃないかということを、プロの側は経験と技術によって提示する。ただこれは先に出すことではない。

そういうプログラムをいまやっているんですけど、ただ日本語の場合には敬語とか丁寧語の体系が強いですから、異なる階層をぶつけ合うとどうしても年上が勝ってしまいます。対話にならない。本当に大きな問題を抱えています。男性女性でもまだ女性が不利です。対話を形成するうえでは、言語的に不利です。

小森　そうなると結局日本の教育現場というのは、当然教師が一番声も大きいわけですし、教師だけが大人なわけです。教師が教室で一人勝ちして、その勝利が何の意味も持たなかったという結論がいまはっきりとあらゆるところで出ているわけですから、そのことに対して、プロフェッショナルな教育者とは何者なのかということをもう少し演劇的な形で問いかけるべきだと思う。

平田　だから極端な言い方をすれば、対話のための教育言語という新しい言語を考えなければいけないかもしれないですね。

小森　そういうカリキュラムを通らなかった人は教師にしない。それから、いま現場にいるすべての教師は対話を、とりわけ演劇的なダイアローグを学ばなければならない。

平田　そうですね。

規範の獲得と開かれたことば・身体

菅　お二人の話をうかがっていて、共感するところが多かったのですが、ただ、難しいのはね、身体技法を獲得するというのは、何らかの意味で規範の獲得という側面があるわけじゃないですか。逆説的だけど自由っていうのは規範の獲得という面もあるわけですから。そして自分なりの偏った枠組みでパラダイムがつくられるわけです。そのへんがものすごく難しくて、そのことを認めるや否や、教師はある意味で抑圧者でなければならないという言い方の正当化にもなるし、それを否定すると、多様性の内実がズルズルと無限の拡散につながる。そのあたりのことというのは、教育とか学習とかを考えるときに、隘路になってしまうと思うんですね。

まさにさっき平田さんが言われたみたいに、表現の身体技法の獲得は学校教育の中で行われた方がいいんだけど、これって地獄かもしれない。大変だなあと思いますよ。

平田　それはそうでしょう。そのかわり、教師はいまの給料の三倍ぐらいにしてもいいと思いますけどね。それをやる覚悟があるんだったら。

菅　いわばある種の強制力を働かせて、いやだという人の方が多くても、やらないとできないことですよね。

小森　だけど、実践的にはいま、演劇的な身体と言語の技法を学ぶという課題は教育現場では通らざるをえない形になっていると思います。では、いま教師に求められている最も重要な身体技法は何かというと、それは子どもからことばが出てくるような身体的な位置をちゃんと取れるのかということをはじめとする、子どものことばを聴く非権力的な関係をつくることのできる開かれた身体の獲得なのだと思います。そういう実践というのは、いまほぼ保健室の先生に集約されていて、そこを経由しないと問題は解決しないという事態になっているし、実際保健室を通して不登校やいじめだとか、家庭の問題だとかも大分出てくるようになっていると思う。そういう意味で、保健室の先生を中心に全教科の先生がどうやって子どもに身体を開いていくのかというワークショップを各学校で組織していくべきだと思います。

菅　保健室の先生が一番進んでるというか、感度がいいんですよ。

平田　本当にね、それは不思議なんですけど、よく考えると全然不思議じゃない。保健室の先生がなぜそれができるかというと、身体のことを一番よく知っているからですね。うちの劇団に日体大を出て保健の先生をずっとやっていたのがいるんですね。それで、彼女に劇団でもストレッチのコーチをやってもらうんですけど、そうすると、彼女が話しただけで何となく筋が伸びた気になるぐらいうまいんですね（笑）、教え方が。やっぱり。それは体育会系体育会系とかいってバカにするけれども、たしかに身体のプロなんです。そのことに対する技術は相当持っているし、いまは体育会系って言っても相当科学的な蓄積も積んでいるから、その知識まで含めて、さっき言ったようなアーティスティックな部分がちゃんとあるんです、保健の先生には。子どもに対するしゃべり方とか、どうすればまちがった筋の伸ばし方をしないかとか、そういう知識をちゃんと持っている。

だからたしかに、いま小学校や中学校の中で本来の教師の役割をしているのは、最初の話に戻れば本当の知恵を持っている保健室の先生しかいないんですね。あとの先生は知識は持っているけど知恵は持っていない。子どもが保健の先生を信頼するのは当たり前だと思います。

小森　さっき菅さんが心配なさった、身体技法を身につけるということが、ある規範に向かっていくことになるのではないかということについてですが、それは、あらかじめ規範を定めてのことであれば、そうなっていくと思います。いままでの学校はそうやってきてるわけです。けれども、学校の中で、他の子どもの異なったコンテクストと摺り合わせていくという、子どもが自分の育ってきた個別のコンテクストをつかんでいくそれぞれの実践であれば、それはその子なりの身の丈にあった身体性と言語をつかんでいきながらそれぞれ個別にかかわるという過程で、差異が見えてくるということになると思う。

菅　で、それがコードの発見になって、誰かとは繫がるし誰かとは繫がりにくい。それを分節すればいいわけですよ。

小森　そうすればさっきの「異交通」というのが、「俺はこっちの道から行くけど」「私はあっちの道から」という具合に、通る道筋の差異としてお互いに見えてくると思うのです。

平田　あア、最後に教育の話になってよかった（笑）。

他者のことばと身体

二週間ほどたった週末、芝居に誘ってくれた大学院生の部屋で、一人芝居を演じた役者（実は彼も同じ大学の大学院生だったのです）を招いて夕食会をしました。彼のところには大きな中華鍋があるので、私が得意の中華料理をつくることになったのです。

私は早速デイヴィッド（一人芝居の役者）に食事をしながらの談笑の中で、平田オリザさんとの対話の内容を紹介しながら、私が彼のお芝居に懐かしさを感じた最大の理由は、彼が演じた家族や周囲の人々の声が、かつて聞き手であった彼の中に刻まれ、それをいま一度記憶をよみがえらせながら演じることによって、語り手である他者と聞き手であった彼が、同時に舞台の上に立ちあらわれていたからではないか、ということを伝えました。

デイヴィッドは、とても驚いた様子で、「これが世界同時性ということかな。一度も会ったことのない者が、まったく別なかけ離れた場所で、同じことを考えている」と前置きしたうえで、この一人芝居を演じるようになった経緯を話してくれました。

ハイ・スクールのときから演劇とモダン・バレエが好きだった彼は、大学に通いながら、ニューヨークで演劇活動をはじめました。幸い気の合った良い演出家にも恵まれ、彼を主役とした芝居は演劇界で大きな注目を浴びるようになったそうです。けれども彼自身の中では、ニューヨークの観客に大きな拍手で迎えられる芝居をすればするほど、標準的な英語、正しいアメリカン・イングリッシュで科白を言うことに対する違和感が、ぬぐいようのないものとして湧き出してくるようになったのです。

「たしかに、芝居をするということは、他人を演じることだというのはよくわかっている。ケンタッキー訛りで話せば自己表現ができるとも、もちろん思っていない。だって、学校では、ずっと標準英語でやってきたんだから、ばあさんやじいさんの使うケンタッキー語は、僕にはしゃべれない。ただ、ニューヨークで演劇の訓練を受けた役者たちの使う正しい英語は、なんだか誰のことばでもないような感じがしてならないんだ。誰もそんな言葉は使ってないんじゃないか。そんなことばでは、自分のことはもとより、他の誰のことだって演じることはできないんじゃないかっていう恐さにとりつかれたんですよ」

その後デイヴィッドは、演出家と相談してモダン・バレエで鍛えた、しなやかな身体を生かしながら、科白を言わなくてもいいような、沈黙しつづける役柄を中心にした芝居に挑戦したそうです。けれども、以前と似たような違和感は強まるばかりだったと言います。

「その芝居の準備をやりはじめた頃は、科白をしゃべらなくてもいいという解放感があって、のびのびと身体を動かせたんだけど、実際観客の眼の前でやってみたら、突然、それは自分のカラダじゃないって思いが頭のてっぺんから降ってきて、動けなくなってしまったんだ。その芝居の評判はさんざんだったし、演出家にも見放されたよ」

失意の彼は、その後精神的な病の境界をさまようような日々をおくっていたのですが、ある日思い立ってニューヨークのアパートを引きはらい、家具などは全部処分して、スーツケース一つに収まる荷物をもって、車に乗り込んだそうです。

「最初は、どこへ行くというあてもなかった。とにかく逃げ出したかったんだ。もう、なにもかもがいやになってしまっていたし、何をしたいのかもわからなくなっていた。ニューヨークを出て二日目だったかな。延々とつづくトウモロコシ畑の間の道を車で走っていたら、頭の奥の方にある裂け目みたいなところから、ばあさんの声が聞こえてきたんだ。本当に突然。たぶん、六歳ぐらいのときに聞いた話だった。ばあさんが、自分のじいさんから聞いた話で、そのじいさんの父親が南北戦争のとき北軍で苦労して、いまの土地に住みつくまでの来歴。一度昔を思い出したら、あとはどんどんことばが出てくるんだ」

その日の夜泊まったモーテルで、デイヴィッドは昼間思い出した祖母の声が語る物語を、捨てずに車につんでおいたカセット・デッキに向かって語りなおしてみたそうです。頭の中に響いてくる祖母の声を自分の声でなぞっていたら、ふと自分の身体がゆれているのに気づき、それが、その話をしてくれたときの、ロッキング・チェアに座っていた祖母の姿だとわかった、と眼を輝かせながら語ってくれました。

それから毎日、車を走らせながら、自分の家族や近所の人たちの声を思い起こし、モーテルに着くと、それを自分で語り直し、そのときの相手の身体の身振りや表情を鏡の前で再現しつづけたのです。十日ほど同じことを繰り返しながら、いや、毎日毎日思い出す人は異なり、一度たりとも同じことはなかったはずですが、気がついてみると、故郷のケンタッキーに向かう道を選んでいたそうです。

デイヴィッドの記憶は、最初はすべて、学校へ行く前の出来事を想起していたのですが、次第に学校生活をおくるようになってからの、しかし学校で使う標準英語とは異なった、個人個人の偏差を持った声も思い出せるようになってきたそうです。

「ケンタッキーに戻ってから、懐かしいと思う人には、とにかく会いに行った。相手の都合なんかかまわずに押しかけていったからとっても迷惑だったんじゃないかな。それでもみんな喜んでむかえてくれて、いろいろな話をしたよ。昔のことも今のことも。

僕が努力したのは、記憶の中にあるその人の姿や声と、いま話をしているその人の声や表情がなめらかにつながるまで、話しつづけること、いや話を聞きつづけることかな。

それで夜家にかえって、父や母を相手に、その人たちの物真似をしてみせながら、その日の復習をしたんだ。みんな互いによく知っている人同士だから、父も母も喜んでしまって、あの人はもうちょっと口を曲げて話すのよ、とか、あいつは自慢話をするときには股を大きく開く癖があるんだよ、とか注文つけられて、おかげでずいぶん正確に真似ができるようになった。

毎日会っている人の物真似がこんなにうけるんだったら、逆にはじめての人にだって面白いんじゃないかと思って、この芝居を思いついたんだ」

私はデイヴィッドに、イッセー尾形さんの芸の話や、井上ひさし作の『化粧』を演じる渡辺美佐子さんの話などをし、デイヴィッドの一人芝居が「世界同時性」の中にあることを確認しあいました。

そして、あらためてはじめて出会う人と、ことばをとおして、あるいは身体をとおして何かを伝え、「交通」しあうためには、自分の中にある実践的なコンテクスト、つまりは自分のことばを形成してくれた、他者のことばと身体をもう一度考えてみることなのだということを、強く印象づけられたのです。

「日本語」を組み替える

アメリカン・スタンダードを世界中に押しつけていく、「グローバリゼイション」という名の世界均質化の中で、インターネットをはじめとして「英語帝国主義」の問題が議論されることがよくありますが、「英語」の圏内においても、「標準英語」の支配に対して、様々な抵抗や反乱、複数の「英語」のせめぎあいが現象していることを、あわせて考えておく必要があるでしょう。ディヴィッドが再現しようとしたケンタッキーのことばでさえ、「アメリカ大陸」に侵略してきた、移住植民者のことばにほかなりません。

けれどもことばの偏差に、常に支配と被支配、侵略と被侵略の歴史が刻まれていることに自覚的になった彼は、「アメリカ大陸」の先住者のことばと世界観に近づこうとする「アパラチア」という一人芝居にもとりくんでいました。かつてアパラチア山脈一帯に住んでいた先住者たちの使用していたいくつかのことばを軸に、人と自然、人と人との関係が大きく変わってしまった出来事を、様々な年齢と境遇に身を置く人々が一人語りをする、という芝居のようです。その芝居のための取材をする中で、ディヴィッドが強く感じたのは、他者が自分のことを語ることができるような、聴き手としての身体とことばをどう獲得することができるかどうかが要である、ということだったそうです。

同じことは、平田オリザさんと私との対話の中で問題になった、学校という場で、保健室に閉じこもったり、不登校を選んでいる子どもたちの、自分を語ることばが出てくることを可能にするような聴き手の身体とことばを、どう獲得していくのか、ということと直接かかわってきます。自分のことをことばで表現することができるかどうかという課題は、自己表現に使用できることばを獲得しているかどうか、ということでもあり、そうしたことばを投げかけることのできる相手、他者としての聴き手がいるのかどうか、ということと一体の問題です。語る主体と聴く主体、そして両者を媒介することばは、ほぼ同時にその現場において生成されるものです。その場で発話されていることばそれ自体に、語る側と聴く側の力関係が質量ともにあらわになっているはずですし、複雑な支配と被支配の関係、抑圧とそれをはねのけようとする力のせめぎあいも現象することになるでしょう。

学校を拒んでいる不登校の子、教室を捨てた保健室の子が、学校のことば、教室のことばで自分を語るはずもないし、語れるはずもないのです。それと同じように、この国で性的労働を強いられている東南アジアの女性たちにとって、「日本語」ということばが、自らの人権について要求をしたり抗議したりすることばになりうるでしょうか。あるいは、この国で就労がとりあえず許されている日系ブラジル人の労働者が、「日本語」を使用することによって、十分に、労働条件について雇用する側と交渉できるでしょうか。その労働者の子どもが通う学校の教師に、その子の母親は、自分の子どもの権利について十分主張をすることができるでしょうか。こうした問いは、この国の近代の歴史の中では、多くの「在日」の人々をめぐって、常にきわめて切実なるものとしてあったはずであるにもかかわらず、隠蔽されてきた問題です。しかしこれからは、増えつづけるであろう、「在日」外国人の人々や帰国子女も含めて、ありとあらゆるところでより鋭く問われることになるでしょう。

自らを語ることができず、また語ったとしても聴きとられることのないことばに、声と形を与える媒介に「日本語」がなっていけるのか。いま私たちに問われているのは、そこにすでに存在していると幻想していたいままでの「日本語」と訣別し、「いま・ここ」の現場で語る主体と聴く主体によってその都度新たに組み替えられながら創出される「日本語」に向かっていくことです。そんな実践の一つの試みとして、最後の数章を読んでいただければ幸いです。

第3部　日本語を教える

授業はライヴだ

◎ことばの通路

大学で「日本文学を教える」という仕事をしながら、私が常に頭を悩まさざるをえないのは、いったい言語で構築された芸術を「教える」とは、どういうことなのか、という問題です。出てくる結論は、いつも同じです。「教える」ことなどはできないし、「教える」ことは何もない、という答えです。

ですから、私が大学の授業をとおして、学生たちに提示してきたことは、言語で構築されたテクストを、どのようにすれば分析的に読むことができるのか、また、どのように多様なコンテクストの中でテクストと出会えるのかという方法論と、そのような方法を使用しながら、私ならある一つのテクストをどう読むのかという一回的な実践を示す、ということだけです。

あとは、それぞれが自らの言語能力に応じて、テクストと向かいあい、テクストとかかわった軌跡を、あるときは口頭で議論しあい、またあるときは、レポートや論文という書きことばで定着してみる、そのときの助言者の役割を演じてみる、ということでした。

もちろん、言語能力をどう形成していくのか、という課題もあるわけですが、それは、どれだけすぐれたテクストにたくさん出会い、それを読み、かつ自分の言語能力に組み入れることができるかということにつきるわけで、それは他人からとやかく言われてできることではなく、それぞれの日常的な営みをとおして蓄積していくしかありません。教師とは、おそらくことばと出会えるところまでつきそっていく、案内人のような者なのだと思います。ただ、それなりに役に立つ案内人になるためには、こちらもいくつかの点で修行をしておく必要があります。何よりも重要なのは、たまたまある時代に「文学」として認知されていることばが、同時代の他の言語表現とのかかわりの中で、どのような位置に置かれていたかをきちんと確認しておくことです。過去の新聞や雑誌をはじめとする、多様なメディアにあらわれてくる多様な言語表現と、できるだけ数多く出会い、一つの時代のことばの相関関係を生き直してみること。したがって、研究者としての私の仕事は、どんどん「文学」からは遠く離れていくことになるわけですが、それはむしろ当然のことのように思われます。一言で言えば、ことばの海に自ら水を汲み足しながら、そこを泳ぎまわる体力を身につけていく訓練をおこたらない、ということにでもなるでしょうか。

◉三つのライヴ

もう一つは、ことばの案内人としての技術を磨くことです。この点では、かつて私が十年間勤めていた成城学園では、とてもよい機会を与えてもらうことができました。

成城学園は幼稚園から大学までの一貫校でしたから、小学校や中学校、あるいは高校の「国語」の先生たちとの交流も盛んでした。たまたま、私の大学の先輩でもあり、かつ、寮の先輩でもあった工藤信彦先生との話の中で、大学以外の教室で授業をやってみないか、という企画が持ち上がりました。

たしかに、大学の教師の側では、下から上がってくる学生たちの「日本語能力」について、あれこれ注文をつけたり、中学校や高校での「国語」の授業の不十分な成果を批判したりすることはあっても、自ら現場に行って、それぞれの学校の先生たちと問題を共有する形で身をさらすことはしてきませんでした。

私としても、大学生だけを相手にしていると、「わかっているつもり」ということを前提にして、こなれない概念や専門用語を使用して話をしてしまいます。けれども、大学でも、小学校でも、教師は、学生や生徒が、自らことばと出会うことができる通路を指し示す案内人の役割を担うことには変わりはないはずなのですから、大学生に伝えようとしていることを、小学生や中学生にも伝えることもできるはずだと思い、この提案を引き受けたわけです。その実践例が、最初の二つの「道場破り」の授業記録です。この実験は剣術家の武者修行にならって、小学校と中学校のクラスを剣の道場に見立て、無頼の小森がその道場主（クラスの担任の先生）に試合を申し込むという形で授業をさせてもらう、というものです。

小学校の授業は、一九九〇年十二月五日の二時限目に成城学園初等学校四年桐組（三十八名中三十一名出席）で行ったもの、そして中学校の授業は、一九九〇年七月十一日の二時限目に、成城学園中学校柏組（男子二十名、女子二十名出席）で行ったものです。（時間的には中学校の方が先だったのですが、ここでは小・中の順にしてあります。）

このライヴ記録は、当初『成城教育』という雑誌に発表されました。その際、私自身の感想と、道場主である担任の先生の厳しい批判も掲載されましたので、御紹介します。

三つめの実践例は、自由の森学園の高校生たちとの授業の記録です。自由の森学園の仲間たちは、何度も徒党を組んで、大学（当時は東京大学）での私の講義に「道場破り」に訪れ、様々な角度から批判をしてくれていました。そのかかわりの中から、何度か自主授業をいっしょに行う機会に恵まれました。ここに収録したのは、その一つです。一九九六年二月に自由の森学園高校二年生のみんなと宮澤賢治の「どんぐりと山猫」を読んだときのものです。教室には落ち葉がたくさん敷かれていて、風も吹いていました（扇風機で！）。私は教室に持ち込まれた木の切り株に座らされ、一回だけの演奏会に参加しました。生徒たちの奏でることばのメロディーとリズムに耳を澄ませていただければと思います。

ことばと出会い、ことばをとおして、ことばを使用することによって、他者と出会う。そんなことばの通路の案内人に、はたして私がなることができているかどうか。読者のみなさんの判定を待つことにします。

第9章　道場破り——小学校の巻

［ライブ記録］「吾輩は猫である」

K＝小森
S＝生徒

僕の名前はウダガワユウジですマル

K　こんにちは
S　こんにちは——
K　いま、佐藤先生から「小森先生です」と紹介がありました。本当は私がこれから自己紹介をしなきゃいけないんだけれども、しないでおいて、みなさんの自己紹介の文章を一つ書いてみてください。短い文章でいい。一つ。紙でもノートでもなんでもいいよ。
S　自分の名前を書くの？
K　自分で決めるんだよ。
……
K　一文だよ。マル付けたら終わりだよ。
……
K　じゃあ、一番前の人から発表してもらいましょうか。はい、君から。
S　僕の名前はウダガワユウジですマル。
S　私の名前はイシヅカユキですマル。

S　僕はシバタトモクニという名前ですオシマイ。

S　先生こんにちは、私の名はフジタマユです。

S　僕の名前はハチノヘカズオです。

S　僕はヤギノリフミで、得意なゲームはアクション・ゲームです。

S　私はカキヌママミです、サッカーやドッジ・ボールが大好きで、すごいおてんばです……。

K　え？　まだ書いてあるよ。

S　いやなの。

K　なんで？

S　いいたくない。

K　読んでよ。

S　いや。

K　そう……。

それでいま、私は非常に不愉快です。

K　自分の名前以外を書いた人いますか。自分の名前を書かずにだよ。

S　いないよ。

S　名なしのゴンベエじゃないもん。

K　それでいま、私は非常に不愉快です。

S　なんで？

K　僕がはじめて来たと思ってみんな嘘ついてるでしょう。

S　エー？

K　本当に君はウダガワ君？

S　そうですよ。

K　ウソー！

S　そうだもん！

K　どうして君、ウダガワ君なの？

S　身分証明書見せてやれよ。

K　いいよ、いいよ（笑）。変なやつだと思ったでしょう。彼はいま、身分証明をとりにいこうとしました。あせっちゃったよねえ。泣かなくていいよ。

みんなは「あいつは絶対ウダガワだよ」って

思うよね。で、こいつはみんなで「シバタだ」って思うよね。でも、今日私ははじめて会った。私がもし「私は小森陽一です」って言って、みなさんはすぐ信じますか？

S　信じる！

S　信じませーん！

K　ここが不思議です。信じると言った人と信じないと言った人と……。

S　コーモリだから……。

K　かつて私はバットマンと呼ばれていました。……

つまり、私のことを知らないみんなは私がいくら「小森陽一だ」と言っても、「違う」と言うことができるんだ。ウソついてるかもしれないものね。これがみなさんの持っている名前の、とっても不思議なところです。

S　なに？　よくわかんなくなってきた。

K　つまりね。みんなお互いの名前を知っているから名前で紹介してもわかる。でもその名前は自分で証明しようと思ってもなかなかむずかしいのです。

お子さんはいないことになります

K　名前は誰がつけたの？

S　親。

S　おばあちゃん。

K　そう。

S　俺はこんな名前やだ。

S　やだった。

S　苗字がやだ。

K　みなさんの名前は実はみなさんの親がつけたわけだ。自分の名前を嫌いな人もいるよね。私も「ヨウイチ」っていう名は幼稚っぽくて嫌いだったんだけどね。

S　しゃれですね。

K　私には三年生の娘がいます。その娘が生まれたときに、「親が勝手に名前をつけちゃいけないんじゃないか、自分で選べるようになってから名前をつけた方がいいんじゃないか」と思った。

S そうですよ。

K それで、区役所へ行って、「娘が生まれたんですけれど、本人が選べるまで名前をつけないでおこうと思うんです」と言ったら、区役所の人があせってしまった。それで何と言われたと思います。札幌北区役所の人に。

S 「いかんです」

S 「死ね」

K かなり当たってる。

S ウソー!

K こう言われたんです。「もし、お名前を付けなければ、あなたのお子さんはいないことになります」。つまり、名前をつけて戸籍というものに書き込まないと、生まれた子どもでも日本にいないということになっちゃう。こわいでしょ。

S 透明人間になっちゃう。

K そう。名前というのはその人がいるということを示す大事なものなのです。名前はみなさん一人一人ときちんと結びついている。だから見ず知らずの私に自己紹介をするときにも、まず自分の名前を言うわけだ。

名前がなくて困っちゃった人の話

K じゃあ、ここで問題です。名前がなかったらどうしよう。

S あだ名をつける。

K あだ名だって名前だよね。

S 似顔絵……

K 似顔絵ねえ。名前がなかったらどうやって自己紹介する。

S 好きなスポーツやなにかを書く。

K そうだねカキヌマさんみたいに、「私はサッカーやドッジ・ボールが大好きな…」

S　でも、同じものが好きな人もいる。

K　いるよね。どうする。

S　血液型とか、男だとか……

K　でもさ、男っていったって男たくさんいるぜ。

S　ドゥオ——

S　みんな殺しちゃえ。

K　みんなやっつけちゃうのは大変だ。

S　自分の特徴を言っていく。……

K　……困ったね。それでそういう困っちゃった人の話をします。名前がなくて。みなさん、夏目漱石という人の名前、聞いたことはありますか。

S　知ってる。

S　聞いたことはある。

S　千円札。

K　全然聞いたことのない人いる？　何人かいるね。別に知らなくても恥じゃない。その人はあとで千円札を見せてもらえば、……私も千円札ぐらいは持ってるな。はい。ここにのってる。

S　くれ。

K　あげちゃったら昼めし食えないじゃない。はい。夏目漱石という、小説を書いていた人ですね。

S　『吾輩は猫である』

K　で、この千円札は大事だからちゃんとしまいます。

S　『吾輩は猫である』……

K　あっ知ってた。すごいね。［板書］漢字で書くと読めないかもしれないけど漢字で書いちゃう。振り仮名ふっておこうね。

『吾輩は猫である』という小説は夏目漱石さんが一番最初に書いた小説です。題名が「吾輩は猫である」。それで、その次に、当然書いた人ですから「夏目漱石」とここに書いてありますね。面白いのは、『吾輩は猫である』という小説の一番最初の文章は「吾輩は猫である。」と書いてある。

［板書］

S　犬。

K　犬じゃないんだ。「猫である」。そしてね、このあとが問題なんだね。「名前はまだない」って書いてある。

［板書］

S　タマ。

S　猫って書いてある。……

S　つまり人間か。

K　これが、夏目漱石先生の『吾輩は猫である』という小説の一番最初なんだね。

S　これで終わり？

S　（笑）

K　いや、いや。それで終わりと思った人は図書館へいって見てください。

ぽっくんは猫しゃまばい

K　さて、この文章は、本を読んでいる人に自己紹介をしている。みなさんがさっき書いてくれたことと同じことをしている。

S　「吾輩は人間である。名前はまだある。」

S　「吾輩は人間である。名前はいいたくない。」

K　でも「吾輩」というのはむずかしい言い方でしょ。これを……

S　偉いみたい。

K　鋭い、鋭い。

みなさんだったら、同じことをどう言い換えるか書いてみてください。みなさんが猫だったとして。何でもいいよ。みなさんは猫で、本を読む人にははじめて出会う。

自分が自然に言う言い方で書いてみてください。

S　「わたしは猫である」

S　「おれは猫だ」

K　書くね。忘れるといけないから。

［板書］

どんどんいこう。

S　「あたしゃ猫だ」

S　「ぼくは猫です」

S　「ぼっくんは猫しゃまである」

K　言うと思った。「猫しゃまばい」とか言わない？

S　そっちこそくわしい。すごいくわしい。

K　見てんだよね。

S　「おいらは猫だ」

S　「ぼくちゃんは猫である」

S　何個書いてもいいの。

S　違えばいいんでしょ。

S　「ミーは猫である」

K　「おそ松くん」見てない？

S　シェーーー

S　「おいちゃんは猫である」

S　「おいどんは猫だ」

K　「翔ぶが如く」見てない？

S　見てない、見てない、見てない。

S　何じゃそりゃ？

K　西郷隆盛風に言うと「おいどんは猫でごわす」になるね。

S　お父さん見てる。すごいの。

S　見てるよー。

K　お父さん興奮してるでしょ。実は私もそう。はい、まだ当たってない人。

S　「おれは猫さまだ」

K　態度がデカイ。

S　「おれさまは猫さまだ」

S　「わたしは猫」

K　かわいい。

S　「ぼくは猫じゃよーん」

S　「わしゃ猫なのだ」

K　もう黒板に書けなくなった。もう出ないかなあ。

S　「わたしは鍋島の化け猫だあ」

K　それは名前がついてる。

もう少しないかな、時代をさかのぼってみ

て。当たってない人いるかなあ。
　昔のお姫様になってみたらどうかな。

S　「わらわは猫じゃ」

S　苦しゅうない苦しゅうない

S　「拙者は猫でござる」

S　御用だ。

K　書ききれないね。考えればもっともっとあるはずだよね。さて、問題です。

S　問題の中に問題が入っている。

K　実は、夏目漱石さんはその頃、大学と高等学校で英語を教えていたんですよ。英語できる人いる？

S　ペラペーラ。

K　みんなが言ったことは英語で言うと何ていうかな。

S　ハー？

S　キャット

S　「アイ　アム　ア　キャット」

K　正解。「アイ　アム　ア　キャット」なんです。英語では、こうしか言えないんです。日本語は、こんなに出てきて、まだある。ここには日本語のわかりにくい特徴があるんです。私は小学校一年生から六年生まで、日本じゃないところにいて日本語ができないで帰って来たんです。そのとき不思議だったのは、自分のことを言う言い方がこんなにたくさんあることだったんですね。英語では「アイ」としか言えない。それをみんなは「ミー」「おいちゃん」「おいどん」「おれ」「わたし」「ぼく」「わしゃ」「あたしゃ」

S　「ぼっくん」!!

K　「おいら」「ぼくちゃん」。これだけでもいくつ？　どうなってんのこれは。

S　英語は日本語を略してる。

K　ほかにどういうこと思います？

S　(無言)

K　むずかしいね。シーンとかしちゃって。さっきみんなでやってくれたことをふりかえってみましょう。女の子はたとえば「わたし」「わたくし」

S　「あーら奥様」

K　そう。日本語では男の人と女の人、それから「ぼっくん」は何歳くらい?

S　二歳

S　六歳くらい

K　「わしゃ猫なのだ」だと?

S　三十歳

K　うん……。

S　「ミー」は

K　「ミー」は歯が出た猫だね。そうするとどんなふうに「私」を呼ぶかによってその猫さんの顔が見えてきますね。

S　見えてきませんね。

K　いや、はっきりは見えてこないかもしれないけれども、年をとっているとか女の子だとか、男の子だとか。英語の場合は、どんな人でもこの「アイ」の中に入れる。誰が「アイ」って言ってもいいんです。そこに、日本語と英語の、自分をあらわすことばの大きな違いがあるのです。自分をあらわすことばをどう選ぶかで、その人、そう言った人物の顔だとかそういうものがすぐ見えてくる。ね。

三十一人の猫

K　じゃあ、みなさんに、これから、なつかしい猫の、ちょっと下手だったんですけど……

[プリント配布]

S　ドラえもん?

S　ワッツマイケル?

S　ノンタン!!

S　うまい!

S　ノンタンはほっぺに丸があるよ。

S　でもかわいいよ。

K　いいですか。もう一度前向いて。このプリントの中に自分の好きな、猫さんの自己紹介文を書いてください。そしたら、こっちの顔は気にしないで、こっちの顔のないノッペラボーの、透明人間のようなノンタンの中に、こちらに入れたことばに一番似合った顔を描き込んでください。

S 泣いてたり。

K 泣いててもいいよ。

はい、始めてください。

風船ガムみたいな吹き出しの中には、自分の選んだ自己紹介文を書いてみて下さい。その自己紹介文からイメージできる猫さんの顔をとなりに描いてください。お姫様だったらいろいろアクセサリー付けてもいいよ。

S 耳がじゃまだなあ

K 耳がじゃまなら帽子かぶせてください。

S 帽子ってかんじじゃないんだなあ、……。

K こわいな。おっかねえ。……

おお、いろいろな猫が出てきた。チョンマゲ結った猫もいるぞ。……

K 自分の納得する猫さんをかいてくださいよ。……

K じゃあ、みんなもう一度、右側の猫さんと、自分の描いた左側の猫さんの顔とよーく比べてみてください。

S 全然違う！

K 全然違いますねえ。どうしてそうなっちゃったんだろうか。ねえ。それは、間に入っている風船ガムの中に出てきたことばが、左の猫さんのイメージをつくっているんだよね。

S そう、そう。

K 英語の「アイ　アム　ア　キャット」だったら、みんな同じ顔になるはずです。日本語の場合だったら色々な顔が出てきます。話をしている〈私〉と、お話の中に出てきている〈おれ〉とか〈ぼく〉とかは、違う、別の猫さんだということが、みなさんの今日かいてくれた絵からはわかってきます。

［チャイムの音］

K　鳴りました。今日お話したことは、とってもむずかしいお話です。大学生でもわからないことばの秘密をみなさんはよく一時間でわかってくれたと思います。みなさんの書いたプリントは一度集めさせてください。あとでまとめて、ぶら下げておいてもらいましょう。三十一人の猫がいかに違うか、ね。

最後に、自己紹介の時の自分の名前をプリントに書いておいてください。……

できた人は出してください。

どうもありがとうね。

三十一匹の猫たち

私は、ネコです。
オレはねこだ!!
ボクは猫です。

オレは、ネコ様だ

ワタシはネコ

オレは、猫だ!!

ワシャねこなのだ。

私は　ネコだ
ニャン!

オレはネコサマで
ゴワス

ボクはねこダョーン。

おらねこだよ。

アイアムはねこです。

ワタシは　ネコ。

オレはねこだ

ニャンたんは
ねこだョ!

ぼっくんは
ねこシャマである

オレ様はネコだ

私は、猫です。

わたしは、ひげが
ピンとたっている、
おちゃめなねこよ。

私はねこ。

せっ者は
ネコでござる。

ワタシは　ネコ。

オレは猫だー!

おうおう、オレはよー
ネコだぜよ!?
文くあっか!?

オイドンは、
ネコでごわす。

私は　ネコです。

オレはネコだ。

三十一匹の猫たち

自己紹介をするために書いた自分の姓名を、私から「ウソだ」と言われてしまったU君は、一瞬なにを言われているかわからない、という顔をした。教室のみんなもいったいこいつはなにを考えているのだ、といったけげんそうな表情で私の方を見ていた。なおも執念深く当のU君に、彼が書きつけた自分の姓名が「ウソ」ではないことを証明せよ、とせまると、彼の顔は次第にこわばっていった。とてもたくましそうな男の子だという印象があったものだから、私の方も腕組をしたまま反応を待った。緊張した空気が教室にはりつめた。咄嗟に二、三人の生徒が「身分証明書見せてやれよ!」と叫んだ。U君は机をけとばすように立ちあがり、教室の後の方に、文字どおり脱兎のごとく、ものすごい勢いで飛んでいこうとした。この反応に、私自身驚いてしまった。授業の導入部として予定していた、固有名詞について考えるこの操作が、これほどまでに小学四年生を追いつめてしまうものだということは予想していなかった。「ごめん!」という気持ちが、悪寒のように背中を走りぬけ、私はU君を呼び止めた。

しかしすでに遅かった。私自身の感受性の鈍さは、すでにU君を限界まで追い込んでしまっていたのだ。彼は眼に涙を浮かべ、たくましいという印象をもった彼の体は、全身でしゃくりあげる直前の状態にあった。固有名詞としての、一人一人の姓名の真偽を問う、という導入における私の演技は、冗談では決してすまない、深い傷を刻みつけてしまったのかもしれない。

逆にこのとき、私はU君から、そして彼の危機を救おうとした桐組のみんなから、固有名詞の真偽を問うことが、どれだけ暴力的な行為なのかを、痛切に教えられてもいたのだと思う。同時に小学四年生である桐組のみんなは、固有名詞の持つ逆説的な特質をしっかり見ぬいていた。

固有名詞、とくに姓名は、この世にたった一人しか存在しない特定の個人を指示するものだと、一般には考えられているが、実はそれほど簡単なものではない。親が子どもに名前をつける、その名前と当の子どもとのつながりはまったく恣意的であることは明らかである。親の側になんらかの思い入れや必然性があったとしても、当の子ども自身、身体的実在としての子どもとその名前には、なんの必然的なつながりもない。その意味でソシュールのいう言語の恣意性を最も強くもつはずだが、ソシュール言語学の体系は、固有名詞を排除することで成り立っている。なぜなら固有名詞、とくに姓名が「他ならぬこの人」を指す以上、それは差異の体系の中で記号内容をもつような記号表現にはならないからだ。固有名詞が指示する「他ならぬこれ」は、言語の体系の外にある。

また固有名詞は、たった一つの「他ならぬこれ」でありながらも、他者がしかも数多くの他者が（他＝多）、固有名詞としての姓名と「他ならぬこの人」とを同一のものであると認知しない限り、その機能ははたさない。しかも自分の姓名が自分のものであるということは、常により上位のレヴェルの〈主体〉によってしか同一化されえない。教室で自己紹介をして、はじめて発話した固有名詞としての姓名が、それを発話した人と一致する根拠は、実はその場にはなく、学校というより大きな制度が認知しているところにある。公の身分証明書は、国家権力が認知するパスポートや運転免許証、あるいは健康保険証だったりする。

「身分証明書見せてやれよ！」という桐組の何人かの叫びは、そうした固有名詞としての姓名の本質を言いあてた声だったのであり、U君の「身分証明書」へのダッシュは、人間がその個別性・単独性の根拠を奪われたときのピンチを体現していたのではないか。私のもくろんでいた「ディスクール」をめぐる授業の最も根幹の問題を、このとき桐組のみんなは直観的に了解していたのかもしれない。ディスクールあるいはディスコースという概念に関しては、まだ訳語すら定着していない。ある人は「言説」またある人は「言述」と訳している。ことは言語とその〈主体〉をめぐる問題にある。言語学はこれまで、文を最大の分析単位としてきた。しかし具体的な言語活動は、文と文の集合によって、あるまとまったメッセージを伝達する。そのまとまりとして言語表現をとらえる立場で、ディスコースという概念を使用するようになった。しかし、言語表現が具体的に発生する場、コミュニケーションの場は長らく考慮に入れられなかった。

フランスの言語学者エミール・バンヴェニストは、「私」という一人称代名詞の特殊性に着目し、話し手と聞き手という二者間のコミュニケーションの場における〈主体〉と言語の関係を考えようとした。「私は名前をもっている」という一文の場合、その「私」は、一回、一回の発話＝言語行為をする具体的な人によって異なってくる。「名前」という一般名詞とは決定的に違う。「私」は、文の主語であると同時に、その文を発話する当の発話主体を指してもいる。いわば文法的主語と発話の〈主体〉という、切り離すことはできないけれども、単一の論理ではわり切れない二重性をもっていることをバンヴェニストは明らかにした。言語表現としての文の中に対象化された「私」と、その「私」に自己同定する行為の〈主体〉としての即自的「私」の二重化といってもよい。「私」の内容は、行為としての発話がない限り、記号内容のない記号表現として宙づりになるしかない。

しかし日本語には、欧米諸言語のようなたった一つの一人称代名詞は存在していない。同時に日本語は欧米諸言語の文の構造に比して、より話し手と聞き手の二者間のコミュニケーションの場に文の意味を依存させる傾向が強い。一人称代名詞的なことばは、抽象的で宙づりの虚の記号としてではなく、その両側に、話し手と聞き手のかなり具体的な像を結んでしまうような働きをする。そうであればこそ、日本語について考える場合、この「ディスクール」の言語学の立場に立つことが、よりいっそう重要になってくる。

おおよそ、理論的にはこのような問題を伝えようとしたかったのだ。しかし、この理論の過程を理解するのに私自身数年間かかった。そして文芸学部の学生たちにもこの問題を理解してもらうことはなかなか難しい。なぜなら、ことばが現実世界を一対一対応で指示するものだという、あまりに固定化された言語観を徹底して打ち破らねばならないからだ。そこに「私」を書き込むことでしか姓名はその人のものにならない。

しかし、「ライヴ記録」を読んでいただければわかるとおり、桐組のみんなは、U君の体現した〈主体〉のピンチにうながされながら、実にやわらかな思考で、この難しい問題を認識していくプロセスを切り拓いてくれた。そして生み出されたのが、一人一人の個別性を書き込んだ、ディスクールの中から産み出された、三十一の主体、この三十一匹の猫たちなのである。

道場主から

私の授業に対して道場主の佐藤信一さんは、『「わかった」から「できる」へ』という文章の中で、次のように書いてくださいました――。

まず、対象である児童の掌握の適切さに舌を巻いた。たしかお嬢さんが三年生だったと伺ったが、おそらく日ごろからお嬢さんの良き理解者なのだろう。(そうでも思わなくては、日々対象児童と過ごしている私の立場がない。)そのうえでの授業の端々に対する細かい配慮。自己紹介の文作り、ふき出しのプリントといった作業を通しての学習活動、千円札など身近な物の利用、TVアニメの話題などを通した楽しさの演出、「大学生でも難しい内容」といったことばで引き上げる知的好奇心と優越感、達成感。どれも小学校教育の効果的手法に合致するものであった。

さらに小森氏は児童に対して初対面であるという、授業者にとってどう考えても不利な条件を逆手にとって本時の導入にしてしまった。児童は、当然の状況の中で必然性をもって授業内容に引き込まれていってしまった。背後には緻密な教材研究と授業展開の計画が有るのだろうが、そのしたたかさにはただただ脱帽するのみであった。

さて小森氏は、本時を通して何を扱ったのであろうか。まず、自己紹介文を書かせて名前（氏名）の付けかたに触れ、存在をあらわすものとして名前の意義を押さえた。そうして、名前がなかったらどう自己紹介をするか、夏目漱石の『吾輩は猫である』の冒頭を取り上げ、英語と違って日本語には一人称をあらわすことばが多くなり、そのどれを選択するかによってその一人称によってあらわされるものがある程度限定されることを押さえさせ、語感を高めたかったのであろう。

命名の意義、ことばの発生、文化としての言語、ことばの形象性……。大学生であったなら、ここから多くの示唆を得たことだろう。しかし、本時の対象者にはこの授業はどう伝わったのであろうか。児童の本時の感想を調べてみるとこの授業では「名前（氏名）の大切さ」「名前を使わないで自己紹介する仕方」「日本語には英語にはないいろいろな言い方があって良いこと」を学習したと考えている者がかなりいた。高等教育段階では、客観的な理解を基礎に主観的な受け取りを大いに奨励するところであろうが、対象児童の段階では、このように考えている者のほとんどは授業全体のごく一部を聞きかじっているものと思われる。小森氏の本時の目標（と思われる）「語の持つ感じ、ニュアンス、限定性」について的確に受け止めたと思われる者は、対象児童数の六分の一ほどと思われる。

淀みない流れのような話、豊富な話題……、小森氏の授業展開に問題はないのだが、学習者である児童の集中力持続（私などは十五分から、よくて二十分とみている）、話の内容に対する軽重の判断能力、話の要点を関係づけ把握する思考力等、普段からそうそう一斉形態で国語の授業に臨んでいない結果の一端を垣間見る思いであった。ご存じのように、初等学校の国語教育では自学自習という個別の授業形態が中心となっているが、本時はその一端を指摘しているものとも受け止められた。

さて小森氏の授業は一回性のものであるから、言うべきほどのものでないだろうが、やられっぱなしでは格好が悪いので、ちょっと反駁を込めて疑問点を挙げよう。

小森氏は、本時の学習内容について児童が「わかった」かどうかをどう判断したのであろうか。児童にたずねれば「わかった」と答えるだろう。授業終了時に回収したプリントの記載内容からもおそらく「わかった」と導き出されるだろう。しかし、これほど心もとないことはないと私などは考えてしまうのである。初等教育の特徴の一つは、繰り返し・反復練習にあると考えられる。そのための労力を惜しまない者が、時には最上の教師であると考えられることさえある。そして、そういった教育過程を通して、教えられたことが「わかった」状態から教えられたことを無意識に「できる」状態へと導くのである。

漢字の学習を例にとろう。読み方、筆順、意義などを教えた、話したとしよう。しかし、それでは初等学校段階での漢字の学習として十分とは認められないのである。繰り返しの練習を設定し、テストで丸がもらえるようにし、さらに、繰り返し注意する中で、自ら書く文章内でそれを自然に使用できるようにし、また新たな漢字について自ら獲得してゆく態度・習慣を身に付けさせようとすることまでも行わなくてはならないのである。そして、この繰り返しの習得過程が教師の側にとっても、児童の側にとっても長くつらいのである。こういった意味では、今回の小森氏の授業は、今後につづく長い過程への入り口であり、その過程の最も「おいしい」部分なのではないだろうか。「わかった」から「できる」への過程、機会があれば、ぜひ伺いたいところである。

第10章　道場破り――中学校の巻

［ライブ記録］谷川俊太郎「朝のリレー」

K＝小森
S＝生徒

〈教材〉　朝のリレー　　　谷川俊太郎

カムチャッカの若者が
きりんの夢を見ているとき
メキシコの娘は
朝もやの中でバスを待っている
ニューヨークの少女が
ほほえみながら寝がえりをうつとき
ローマの少年は
柱頭《ちゅうとう》を染める朝陽《あさひ》にウインクする
この地球では
いつもどこかで朝がはじまっている

ぼくらは朝をリレーするのだ
経度から経度へと
そうしていわば交替で地球を守る
眠る前のひとときに耳をすますと
どこか遠くで目覚まし時計のベルが鳴ってる
それはあなたの送った朝を
だれかがしっかりと受けとめた証拠なのだ

K　はじめまして。小森陽一といいます。成城大学の文芸学部で日本近代文学というものを教えています。今日は一時間だけ授業をいっしょにやってみようと思います。一回きりのライヴだと思ってください。三十四ページに谷川俊太郎さんの「朝のリレー」という詩が載っていますね。これを一時間でいろいろ考えていきたいと思うんだナ。

まず簡単に私の自己紹介をしておきます。私は小学校の時ずっと日本にいなかったので、みんなと同じ中学生の時に国語が一番苦手だったのね。じゃあそんな奴がなんで「国文学」とか教えてるのかなってことを振り返って今日の授業をやってみようと思う。つまりみんなはずーっと日本語で育ってきて日本語って自分では絶対わかると思っている。でもかつての私のように全然わかんない奴もいるんだ。だからわかったつもりになったことをもう一度わからなくなってみる。それが今日のみんなにお願いするたった一つのことね。ちょっと難しいけどね。

それでは私が詩を読みます。詩っていうのは言葉の意味がわかるだけだと本当にわかったことにはならないね。体でわかりたい。まず詩を読む体を作ります。思いっきり息を吐いてください。（生徒、大きく息を吸う。）それは深呼吸。吸わないで思いっきりお腹を机に押し付けて、水泳の息継ぎと同じ。で、姿勢を正す。

［朗読］

第一印象は？

K　いま私は詩を読みました。さて何も考えずに第一印象をひとこと、何でもいいからノートに書いてみてください。相談するなよ。ことばにならなかったら図でもいいや。自分の中に浮かんだことば。

S　作者の第一印象？

K　詩の第一印象。作者のだったらこの写真だけじゃ谷川さんかわいそうだよな。

S　横山泰三先生に似ている。

K　どうだア書けたか。(じゃれあっている生徒に) おい争うな。体で読むといったってそこまでハードになるな。じゃあ発表してもらおうか。ここからいくか。

S　自分も時々こう思う。

K　こうっていうのは何。

S　自分が寝たりしている時にいろんな有名な人たちがこういういろんなことをしているんだという充実感が沸いてくる。

［拍手］

K　すごい眠り方をしているね。充実した眠りで朝は元気に起きられる？　じゃ次の人。

S　考え方が面白い。

K　面白いってどういうこと。谷川さんはヘンだということ？　どこがヘン？　考えててくださいね。じゃ次。

S　一日の生活をあらわしているから自分たちにとって当たり前だと思う。

K　なるほど。じゃあキミ。

S　地球は回っているんだな。

K　すごい感想。どうして？

S　回転がある。

K　じゃ次の人。

S　歌が付けられそう。

K　どんな感じの曲だ？　イメージ的に。歌ってもらおうか。

S　ポップ。

K　わずか五人だけどすごく印象が違うね。いましゃべらなかった人もいろんな印象を抱いてくれたと思う。それはとっても大事にしてください。五人の人には突っ込み強くやっちゃったけど、突っ込んでいけばいくほどいろんなイメージが広がっていくってことがわかったでしょ。第一印象を大事にして、その後こう考えてください。どうして僕や私はこの詩からそう感じたのか。それがこの授業で考えていきたい一番大事なことなんですね。

地球儀の上の地名

K　第一連を見て下さい。地名がたくさん出てくるね。で、カムチャッカという地名は下に注が出ているね。（読む）わかった人、これで。

S　（一名のみ挙手）だいたい場所わかる。

K　彼の頭の中には地球が入っている。すごいことよ、これは。だけどなかなか彼みたいに地球はみんなの頭の中には入っていないから、頭の外に出してみようと今日はわざわざ地球儀を持ってきた。みんな立ち上がって真ん中に寄ってください。（旗と粘土を出す）私はこんな物まで用意している。これ男の子の旗ね。これ女の子。カムチャッカはどこかな。ハイここ。（地球儀に旗を立てる。生徒が地球儀を押す）オイ、倒すなよ。みんな地球に乗っかってるんだから倒したら俺たち死ぬぞ。

S　先生、宇宙って無重力だから倒れないんじゃない？

K　お前、よく知ってるな。次、女の子はどこにいるんだ。

S　（全員）メキシコ！（メキシコ・ニューヨーク・ローマと旗を立てていく）

K　ハイできました。みんな見える？

S　（全員）見えない。

K　見えないってことはどういうことだ。

S　丸い。

K　地球は丸いし裏側を見るのは大変だっていうことだよね。でもサ、この詩に書いている人はどういうところにいるんだ。（ガヤガヤ騒がしくなる）神様か？　この人はすごいんだけど、いまの私たちはどこにいるんだろう。

S　日本。

K　本当か。（地球儀を指して）日本はここだぞ。いないじゃない。俺たちはどこにいるの。

S　宇宙。

K そうだよね。私たちがこうやって地球儀を見ているってことは、頭の中で一気に宇宙にいっちゃってるのね。わかんないでしょ。いまのこと。でもわかんないってことがスゴイことなんだナ。ハイ席に戻って。

　みんなの中からは、宇宙にいるとか神様の位置とか出たけど、そのことがこの詩ではいとも簡単にことばによって作られていることがわかったね。日本にいながら地球の外に出て、自分で地球を見るような位置にいる自分を思っている。我々は地球儀を見て、ちゃんと旗なんか立てちゃえたわけだから、すごーく簡単にワープしているということがわかるよね。これを難しいことばで言うと。これ何て読む？

S 想！

S おもう。

K これは？

S 像！

K そして力と。像っていうのは銅像の像、仏像の像だよね。イメージっていうこと。頭の中で何か具体的なカタチになった物をつくりだすっていうことね。本当は地球の上にいるはずなのに、地球の外に出て「カムチャッカの若者がきりんの夢を見ている」なんてことを人間は考えられちゃうんですよ。地球というふうに考えられるということ自体、地球儀を見てここがここだとか考えられるということ自体ね、すごいことだということがだんだんわかってきてくれただろうか。

朝のリレー

今度は私の方からこの詩を読んでわからなかったことを聞きます。問題は第二連目です。最初「朝のリレー」っていう題だったでしょ。この詩を読んだ時「運動会前だから朝の練習すんのかな」って思ったのね。朝にやるリレーかと思ったのね。そしたら「朝をリレーするのだ」って書いてあるね。どういうこと？　朝をリレーするって。

S　朝がやってくるってこと。だから朝を渡していくのねエ。

K　朝を渡すってどういうこと。いま朝だけど、誰に渡すの？

S　見知らぬ人。

K　朝をよいしょって渡すの？　考えられないことじゃない。説明してよ。笑わないで、あなたも考えてよ。たとえばどういうこと。

S　そういうこと。

K　朝を渡すってことばが出て来たけど本気で考えてみるとまたわからなくなるね。場所によって朝が来る時間帯が違うようだ。これはみんな知っていることだね。日本を中心に考えると、どっかと比べて、より東側なので早く朝が来る。西側の人はもう少し遅れて来る。そうやってだんだん西側の人に朝が渡っていくことだと理解していい？　次に地理の得意な人に聞こうかな。「経度から経度へ」っていうのはどういうこと？

S　このクラス地理だめなの。朝、先生に言われたばっかり。

K　経度って何だろう。教科書に説明がないのは不親切だね。（地球儀を指して）ハイどっちだ？　横か縦か。

S　縦！

K　そうすると地球が回っているとすると、この縦の線の順番でだんだんに朝がやってくるということだね。ということは「朝をリレーする」、ということばをわかるために私たちが何をやっていたかというと、地球と太陽のことをいっしょに考えてたってことになるね。地球は自分で回りながら太陽のまわりを回っている。ほとんどこれは宇宙人感覚で考えていたことだよね。太陽と地球の距離ってどのぐらいあるか知っていた？

S　一億ぐらい。

K　おっ、正しいな。調べてきたんだけどサ、一億四千九百五十万キロ。この地球儀だいたい直径が四十センチぐらいだけど、これが一万二千キロなの。そうしてみるとこれの一万倍。四キロです。ここに地球があるとすると太陽は千歳船橋あたりだって。

S　縮尺したの？

K　いいことばを知っているなア。いまの彼のことば、大好きね。これも想って像を作る力の働きね。大きくてわからないのを自分の感覚で感じられるようにしたのは、寸法を縮めて、縮尺したからね。縮尺というのも想像力の大きな力なわけです。

地球を守るバトンタッチ

K　次に私のわからないところを聞きたいな。「いわば交替で地球を守る」ってどういうことかしら。

S　交替で起きている。見張りをしている。

K　何の見張りをしているの。地球の見張り？あなたいま起きているでしょ。あなたもいま地球の見張りをしているってことになんない。

S　朝と夜が交互に来るから交替で守ったり休んだりする。

K　日本が朝だとするとこちら側は夜だ。どういう人がいるの？

S　ギャージン。

K　日本の反対側だから、南アメリカだよな。その人たちはいまお休みしているからその代わり私たちが起きて、地球はだいじょうぶって見張りをしている。そういうことでいいの？

S　誰か見てなかったらぐちゃぐちゃになっちゃう。

K　そんで寝るときにベネズエラやコロンビアの人たちにバトンタッチするわけね。理屈ではわかったよな。でもいままで私たちがやってきた作業は一所懸命にことばを使いながら、谷川さんが言ったのはどういうことかって考えてきたわけだ。

しかし大事なのは自分の体で実際に「私たちが起きているっていうことは地球を守っていることなんだ」って感じられるかどうか。それからいま私たちが送っている朝を渡すっていう感覚になれるかどうか。そういうことだな。今度はそれに挑戦してみます。俺もやってみたけどかなり難しかった。まずみんな南米のイメージで一番手渡したい人を頭の中で想像して。男の子でも女の子でもいいです。朝をよろしくってバトンタッチしたい人を想って、その人の顔かたちを作ってみてください。それじゃまた考える体、感じられる体を作ります。前向いて。

S　今度は吸うの？

K　吸わない。みんなも運動会でリレーやったことあると思うけど、次にクラスの誰にバトンタッチするかわかっていないと絶対うまくいかないよね。今度は三回おもいっきり息を吐きます。三回目に頭の中に手渡す人のイメージを想って作ってみてください。どんなふうに手渡しているのか。顔が浮かんできたらもう最高。

S　人間じゃなくてもいいの？

K　南米にどんな動物がいるか知らないから、かってに想像して。三回息を吐いて姿勢を正して目をつぶる。顔が浮かんできた人は、そーっと手を挙げてください。私だけ太陽のように目を開いています。名前が陽一っていうんだからいいよね。せーの。

S　ハー。ハー。……

K　いいぞー……ハイ、じゃあ手を下ろして。浮かんでなかった人もいたけど気にしないでください。バトンタッチする相手は浮かんできたねぇ。だけど相手が起きてくれないとダメなわけだ。この詩の最後には、目覚まし時計の音がするって書いてあるわけだよ。

S　チリチリチリ。

S　南米に目覚まし時計なんてあるの？

K　まあ私も南米にどんな目覚ましがあるかは知らないけど、この音を確認しないと俺たちは寝られないよな。相手がちゃんと起きてくれないと困るわけだから。バトンタッチする相手はいまぐっすり寝ています。

S　そうかなア。

K　その人にバトンタッチするためには起きてもらわないとならないね。最後に私がもう一度この詩を読みます。耳を澄まして読んでる最中に目覚まし時計のベルが聞こえてきたらそのままそっと手を挙げてください。読み終わった後に聞こえてきた人もそれでかまいません。今度はみんなの手が挙がるまで待ちます。目覚まし時計の音です。それを自分の体で呼び寄せてほしいの。みんなはそういう力を持っている。宇宙までさっき出られたんだから。どんな音でもいいよ。今度はとってもパワーと想像力が必要です。目覚まし時計の音は小さいから。だからオーラを一所懸命取り込んでください。今度は五回息を吐きます。そして目をつぶって詩を聞いてください。そうして目覚まし時計の音が聞こえたら、そっと他の人の目覚ましの音を消さないように手を挙げてください。

S　聞こえるわけないじゃん。

K　聞こえるわけのないことを聞こうとしてみて。お願いだから。じゃあ行きましょう。せーの。

S　ハー。ハー…

K　ハイ目をつぶって。

［朗読］

K　耳を澄まして下さい。目覚まし時計のベルの音。聞こえてくるかな。さっき想い起こした人のベットのそばに。藁小屋かもしれない。目覚ましがある。その音です。起きてくれるかな相手は。かすかでもいい。聞こえたなっていう感じでもいい。地球がかかっているんだよ。

（チャイムが鳴る）

ハイ、聞こえたね、みんな。授業の終わりの音です。

ごめん、君たちは大人です

いざ出陣、という気分で職員室を出て、階段を降り、柏組の後ろの戸口にさしかかった瞬間、「アッ、マズイ」という気持ちが脳裡を過《よ》ぎった。そこから見えた、まだ席にも着かず、なにやら落ち着かぬざわめきをただよわせている生徒たちの姿が、私が想像した以上に「幼く」見えてしまったからだ。「当初の授業計画では、うまくいかないかもしれない。もう少しわかりやすく組み替えねば…」というあせりが、教壇の傍らで石井さんの紹介を聞いている間中、頭の中を駆けめぐっていた。

私がこの「実験授業」を引き受けるにあたって、心に決めていた「決して大学でやっている水準は落とさない。表現方法だけを変える」という決意が、このときすでに揺らいだのかもしれない。大学で教えている者が、あえて中学校の教育現場に行く以上、むしろ二つの現場の差異をこそ体験するべきで、「中学」的なるものに同一化する必要はないはずだ、というのが「当初」の考え方だったのである。この発想の屋台骨が、のっけからグラついたわけで、私としてはすっかりまいってしまったようなのである。

＊

「当初」のもくろみはこうだった。現在、文芸学部の専門課程で行っている講義は、文学テクストにおける発話者の位置と、テクストの表現それ自体によって潜在的に造り出されている受け手《オーディエンス》の位置とが、表現過程をとおしてどのようにその意味生成に機能するのか、という物語行為の分析が主題となっている。書かれてあることばを通じて、それを読む側が、どのような一回的な伝達の場を創造してそこに参入していくのか、その行為そのものが、ことばにどのような命をふきこんでゆくのか、を理論的に考えているわけである。

この同じ課題を、中学校の現場で実践すること。私に要求されていることは、理論的な枠組みを理論のことばで説明するのではなく、日常言語に変換しつつ授業そのものの形態として実現することであるはずだ。なおかつ授業の流れの中で構成されていく、思考の過程《プロセス》は徹底して論理的であることを心がける。しかも教材が詩である以上、概念的・抽象的なものとして教材の印象を結ばせるのではなく、想像力的で具体的なイマージュとして、いわば身体の内側からことばが立ち昇ってくるようにすることにむかって努力すること。これがとりあえずの、私自身の中で想像していた授業についてのもくろみだった。

＊

あせりと揺らぎとグラつきのただ中にあった私の身体は、教壇のところで強張《こわば》ってしまっていた。石井さんの紹介ですでに五分経過、「組み替え」をめぐっての具体案は頭のかたすみにすら浮かんでこない。生徒たちの視線がこわかった。しかし生徒たちが少なくとも私を拒んではいないこと、石井さんの働きかけもあって、とりあえず受け入れようとしてくれていることだけは、自分の身体の表面がトゲトゲしていないことで感じとることができた。「エーイ、授業計画など捨てちまえ、どうせ机上の空論だ。あとは谷川さんの詩の表現にたよるしかない！」と心に決めて、とにかく詩を読んでしまうことに活路を見出そうとした。「ことばに、身体を通して出会える工夫」とは実践としては簡単なことだ。腹式呼吸をすること、息を思いきりはき出して、身体が自然に空気を吸い込むことにまかせること。しかし生徒がやってくれるかどうかが大問題だ。一種の賭けのようなものだ。

けれども生徒たちは「エーッ⁉」とか「グェーッ⁉」とか言いながら、「フーウッ」と息をはき出してくれた。そのはき出された生徒たちの気に、私自身も支えられながら詩を読むことができた。気と気がぶつかり、からみあうような緊張感が一瞬教室を覆ったような感触もあった。生徒たちの集中力が、谷川さんのことばと共鳴した。

第一印象を書いてもらう。それまでとはうってかわって、「生徒たち」と一くくりにできない、一人一人の個別性があらわれてくる。必死で書いている子、ボーッとしている子、隣とジャレている子……。ふと気がつくと、私の身体も教壇を離れ、彼らや彼女らの間を徘徊していた。教室の四方八方から、まったく多様で雑多でなおかつ力に満ちた気のさやぎが感じられる。大学の講義では、永い間忘れていた感覚だ。この混沌としたさやぎを谷川さんの表現に向かって、その多様性のまま束ねていくことが私に要請されていることだ、とはじめて自分の役割を自覚する。

第一印象の発表。予想以上に的確なとらえ方が出てくる。ただこのとき、私の中では初発のあせりが残っていた。問いかけを発しながらも、まとめることを意識しすぎていた。後で立会い人の工藤先生から、「朝はキライだ、って書いていた子もいたヨ。ああいう発言が出るともっと面白くなったかもしれないね」と指摘されたが、私はそこまで見ていなかったようだ。どこかでまだ生徒たちを信頼しきれず、自分の側でひっぱっていこうとする姿勢が抜け切れていなかったようだ。その証拠に、教室の徘徊を終えて教壇に戻ったとき、妙に落ち着いた自分を発見したりもした。

だから「朝のリレー」の第一連の、表現主体の自由な動き方を確認するための地球儀を使っての実践に移るときには、かなりの決断が必要だった。もしかしたら収拾がつかなくなるかもしれない……という思いもあった。この実践は宇宙的な空間移動をする表現主体の想像力と共鳴するためには、生徒の身体を教室空間の束縛から解き放たねばならないはずだ、という意図のもとに計画したわけだが、まさにそれを実践する当の私が、教室という空間の中で、管理者的発想に縛られてしまっているということが、この瞬間あらわになったのだと思う。

＊

板書したのは「想像力」の一語。他者の表現を媒介にしながら、自らの想像する力を駆使して、地球の向こう側にいるはずの「朝をリレー」すべき相手の姿をイメージし、その相手が目覚める瞬間の目覚まし時計のベルの音を耳を澄まして聴く、という後半の実践は、私の予想などはるかに超えて、生徒たちの力で表現されていった。素直に眼をとじ、ベルの音が聴こえてきた瞬間に、そっと、あるいは勢いよく手を挙げる柏組の一人一人の姿は、いまでも私の眼に焼きついている。かかわりもせずに「幼い」などと判断してごめん。君たちは、大人です。

道場主から

中学校の道場主の石井弘之さんは『「理屈でわかる」と「体でわかる」』と題して、次のように批評してくださいました。

小森さんの授業は一見すると派手である。地球儀に旗を立てたり、詩を聴かせる前に息を何回かはかせたりというように、小道具や演技を随所に取り入れているせいだろう。また中学生にピッタリくるような親しみやすいことば遣いで、大学の先生が来ることにおそれをなしていた生徒たちを安心させていた。それにほれぼれとするような朗読まで聞かせてくれた。生徒の書いた感想にも「一度きりの授業だから派手なことをやる先生だなあ」などというマセたのまであった。この派手さが授業の楽しさと直結していたのだろう。しかし実は小森さんの授業展開はとてもオーソドックスなものだったのではないか。第一連では地球儀を使った地名を押さえる作業を通して、作者の視点や想像力にまで話を広げた。途中に題名読みを挟み、第二連では「経度から経度へ」「交替で地球を守る」「目覚まし時計のベル」というポイントを中心に理解と想像力を高めるという具合に、実に過不足のない授業展開だった。最後に目覚まし時計の音と授業の終わりのチャイムの音とを重ね合わせるあたりの演出も洒落ていた。

一つ疑問を書こう。小森さんの授業を拝見して、一番強く感じたのは、わかるということはどのような状態になることなのだろうかということだ。小森さんは「ことばの意味がわかるだけだと本当にわかったことにはならない」「体でわかりたい」と何度か言われていた。たしかにその方がいいのかもしれない。僕も授業中こんなことを言うことがある。

「起立、礼!」などの号令の時だ。号令をかけるというのは最も単純にことばで他人を動かす行為だ。起立という語を聞いた人が「それは立つという意味だ」と理解するだけでは仕方がない。実際に立ち上がるという行動に結び付けてはじめて意味のあることばとなるのだ。だから、そのことばを発するタイミングや声の大きさ、口調まで含めて一つの語が成り立っているのだし、そんなことも表現力の一つなんだ。

たしかに僕もそんなことを生徒に言ってしまうことがあるのだが、どちらかというと「ことばを理屈だけではなく、体で実感する」という考えには賛成できないでいる。

学校、特に義務教育では、子どもたちはほとんど無理ヤリ教育されている。学校に来たいか来たくないかの選択権は彼らにはない。学校がたまたま楽しいということも多いのだが、それは彼らが選んだ楽しさとは違う。だから僕は学校、特に評価と結び付いている授業という場では、知識や技術の習得以上のことはなるべくなされない方が良いと考えている。

国語の授業の場合、「ことばの意味を理解する」とか「理屈でわかる」とかいうことこそが僕は重要なのだと思う。それ以上のことは子どもたちにとってはきわめて個人的なことだし、大きなお世話にすぎない。「体でわかる」ことは大事なことなのだが、授業という場で行われるべきではない。不適当な言い方かもしれないが、それはファシズム的である。文章は多かれ少なかれ感性や思想から独立してはいない。だから文章のことばが持っている思想を教師が子どもたちに押し付けないように注意したいと思うのだ。生徒の興味を高める手段として僅かに取り入れる程度ならともかく、「体でわかる」ことに主眼を置くのには疑問がある。

今回の教材に即して少しだけ言おう。たとえば「交替で地球を守る」という部分だ。小森さんはことばの意味を考えあった後、「起きているっていうことは地球を守っているってことなんだ」と実感させるため、地球を手渡す南米の誰かを想い描かせるという作業を行った。とても面白かったが、仮に僕が中学生だったらこれには乗れなかったろう。ひねくれ者の僕は「人間が起きていることこそ地球を破壊するもとだ」と考えていたに違いないからだ。詩人の言わんとすることを理解はするだろうが、理解と実感・納得感とは別物なのだ。それを授業で実感せよと命じられるのは生徒にとっては苦痛だ。苦痛と感じられる者はまだいい。無批判にそれを体内に取り入れてしまう者がほとんどだろう。その方が恐ろしい。善意と熱意のうちに偏った思想を実感させてしまうおそれを国語の教師として僕は常に抱いてしまう。

義務教育の授業で教えるべきは「理屈でわかる」ということだ。もっと平たく言ってしまえばテストで問えるような事柄だ。体で実感できたかどうかをテストすることは可能なのかもしれないが、難しいだろうし、やるべきではないような気がする。

小森さんの授業を通して、詩を読むうえでの目の付け所を、子どもたちは体験的に楽しく学ぶことができたと思う。しかし「ことばを体でわかる」という作業は、授業中ではなく劇場や協会、映画館や自由な読書の中で行われるべき性質のものなのではなかろうか。

第11章　授業というライブ──高校の巻

［ライブ記録］宮沢賢治「どんぐりと山猫」

K＝小森
S＝生徒
T＝教師

K　こんにちは。小森陽一です。今日は、みなさんといっしょに、宮澤賢治の「どんぐりと山猫」という小説を読んでいきたいと思います。いわゆる学校での「国語」の授業は、小説を読むときも本文を段落に分けたり、その段落ごとに主題を要約させたり、あるいは登場人物の気持ちや心情を整理させたりします。私は「国語」ということばを認めていませんから、科目の名前としての「国語」も認めていません。それと同時にいま述べたような、小説や物語をめぐるいわゆる「国語」の授業のやり方も認めたくありません。主題をまとめさせるという考え方の中には、小説や物語から読者が受けとるのは、一つの意味しかない、という幻想があります。また、登場人物の気持ちや心情を問うということの中には、登場人物を実体化して、やはり一つの心情や気持ちがある、という幻想が含まれています。

こうしたやり方では、それぞれの読者によってまったく違った読み方があり、その読み方を重ねたり、論争させていくと、いくらでも豊かで多様な意味を見つけ出すことができる、ということが忘れられていくような気がします。

私は、小説や物語を読むことは、一人一人が自分なりの楽器を持って、一つの曲を演奏することに似ていると考えています。つまり、文字で書かれた小説や物語は、音楽の世界で言えば楽譜です。楽譜がただ置いてあっても、そこに音楽は現れません。その楽譜の前に演奏者が楽器を持って座るか立つかして演奏をはじめないかぎり、音楽はこの世界に現れないのです。

ですから、小説や物語の読者とは、この演奏者のことなのです。読者が、楽譜に書いてある音符としての文字を読み、自分の意識と感受性の中に取り込むことによって、はじめて音楽と同じように小説や物語がこの世界に現れるのです。そうすると、楽器に相当するのが、一人一人の読者が持っていることばの能力だということになりますね。もちろん、ことばの能力ですから、上手い下手もあるでしょうし、一人一人の読者がこれまで生きてきた人生の中でかかわりを持ってきた他人との間で形成される能力ですから、一人一人の奏でる音色が違うのも当然のことでしょう。

つまりみなさんは、いま、ここに、一人一人が異なる音色を持った楽器を抱えているわけです。楽譜になるのが、宮澤賢治がつくった「どんぐりと山猫」という楽曲です。

ただ、ここで一つ、音楽と違うのは、音楽を楽譜に従って楽器で演奏すると、その音はただちに外に出て、他の人にも聞こえるのですが、読むという演奏の音は、一人一人の意識の中で響いていますから、残念なことに、他の人には聞こえません。

ですからみなさんには、頭の中で、そして心の中で、あるいは腹の中で鳴った音を、ことばという形にして外へ出してもらわなければなりません。そうすると、外に出ることばは、頭や心や腹の中で響いた音とは微妙に違ったものにならざるをえません。

ですから私たちは、オーケストラのように、楽譜に従った音をそのまま奏でるわけにはいかないのです。もとの音を踏まえてはいるけれども、そこから少しずつずれていくような音を出していくことになります。一つのメロディーから微妙にずれながらも、それを軸にしてそれぞれが楽器を鳴らしていくわけですから、これから私たちのやることは、たとえて言えばジャズのセッションになるのだと思います。

オーケストラではありませんから、私は指揮者ではありません。まあ全体の流れを調整して、自分ではメロディーにかかわらないような役割を担うことになりますから、たとえて言えばドラム担当ということにでもなるでしょうか。宮澤賢治は『セロ弾きのゴーシュ』でジャズのドラムをたたける子ダヌキを登場させていますから、まあオヤジタヌキということにしておきましょう。

それでは、まず私が、楽譜の音符をみなさんに紹介することにします。つまり、「どんぐりと山猫」を朗読します。そしてみなさんは、この基本メロディーを聞きながら、どのようなアドリブをするのかを考えてください。アドリブの第1号は、この物語を読んで、最も心に残ったこと、気になったこと、こだわってしまったところ、不思議だと思ったこと、驚いたこと、などをことばにしてみてください。それが、みなさんの心の中で奏でられた音に一番近いと思うからです。

「をかしな葉書が……〔朗読〕

K　せっかくだから、これをつくった宮澤賢治本人にもセッションに参加してもらいましょう。「どんぐりと山猫」は宮澤賢治が生きている間に出版された唯一の童話集、『注文の多い料理店』に収められています。この本は、盛岡にある光源社という出版社から出版されました。そのとき、この本を売るための宣伝文を、賢治自身が書いています。

その宣伝文の中で、賢治は、「どんぐりと山猫」というお話を、次のように紹介しています。

「山猫拝と書いたおかしな葉書が来たので、こどもが山の風の中へ出かけて行くはなし。必ず比較をされなけれはならない今の学童たちの内奥からの反響です。」

学童とは、学校で学んでいる子ども、つまり生徒たちのことですね。賢治が一番気にかかっているのは、「必ず比較をされなければならない」学校の生徒たちの心の「内奥からの反響」です。では、みなさんにとって、何が一番心に残り、そしてなぜそうなのか、セッションをはじめましょう。

どんぐりと塩鮭

S 最後の方で、山猫が一郎に「あなたは黄金《きん》のどんぐり一升と塩鮭のあたまと、どっちが好きですか」と聞くところ。それで一郎が、「黄金のどんぐりが好きです」って答えると、山猫が「鮭の頭でなくて、まあよかったというように、口早に馬車別当に云ひました」ってあるのだけど、どうしてかなぁと思ったんですけど。

K その、「どうしてかなア」っていう思いが大事だね。それで、どうしてなんだろう。

S うーん。

K あなたが「どうしてかなア」と思う気持ちは、「黄金のどんぐり」と「塩鮭の頭」のどっちの方に傾いていますか。

S どちらかと言えば「鮭の頭」の方かな。

K へえー。人間の一郎は「黄金のどんぐり」の方を選んだのに、あなたは「鮭の頭」の方に気持ちが動いているわけね。

S　山猫が「まあよかった」ってほっとするのが、なぜかなあって気になっていて、猫だからお魚が好きなんじゃないかって思ったのだけど。

K　猫だからお魚が好きというところが大事だね。じゃあ、山猫にとって「鮭の頭」は、何だったんだろう？

S　好物。

K　好物って何？　別な言葉におきかえてみると、どうなる？

S　好きなもの。

S　おいしいもの。

K　みんな、何か一番素朴なことばを避けていないかな。なんだか頭の中に浮かんでいるはずのなのに、そのことばを出したがっていない、パスしてる感じがするなあ。何か、こわがっているような気さえする。

S　宝物！　それもやっぱりパスしてる？

K　パスしてる！（生徒笑）

S　でも「宝物」って、一郎がもらった「黄金のどんぐり」の方じゃないの？

S　「鮭の頭」は、山猫の好きな食べ物！

K　こんどはパスしてないね。「鮭の頭」は山猫の食べ物。山猫に食われてしまう物だね。「好物」「好きなもの」「おいしいもの」「宝物」っていうことばの後には食べる、食べられるということが隠されていたわけですね。そうすると、「黄金のどんぐり」はどうなりますか。

S　食べ物ではない。

S　でも、どんぐりの中には、食べられるのもあるって聞いたよ。

K　さあ、意見が分かれました。どんぐりは「食べ物ではない」という人と「食べ物である」という人。他の人はどう思いますか。

S　昔の人は食べてたよね。

K　じゃあ、いまの人は食べないの？

S　あまり食べないんじゃない。お米とかパンとかが主食だから。

S　でも、森の中のリスとかは「どんぐり」食べてるよ。でも山猫は食べないな。お魚とかネズミが好きなんじゃない。

K　あっ！　またこわい話だね。リスはこのお話に出てきましたね。一郎に山猫の行き先を教えています。「くるみの木の梢」にいました。一郎は「おい、りす」と言っていますが、地の文では「栗鼠《くりねずみ》」と書いて「りす」と読ませています。そして、一郎が最初に道をたずねる相手は「栗の木」でしたね。

S　くるみとか栗だったら私も好きで食べてる。

K　いまの人は「どんぐり」を食べない。でもリスは食べている。そして、リスが食べる「くるみ」や「栗」はいまの人も食べている。ここらへんが大事だね。ところで、あなたはどうして昔の人は「どんぐり」を食べたって知ってるの？

S　直接は知らない……人から聞きました。

K　誰から聞いたの？

S　忘れた……。（生徒爆笑）

S　生物の授業でやったよ。縄文時代の人たちは「どんぐり」を食べていたって。「どんぐり」とか「栗」が生えている森の中で生活してたって……。

T　縄文時代は農業をしてなかった時代で、弥生時代から稲作がはじまって、お米を食べるようになる。

K　うれしいですね。先生もセッションに参加してくれました。ところで、農業をやってなかった縄文時代の日本列島に住んでいた人々はどういう生活をしていたんですか。

T　うーん、狩猟じゃないですか。いやそれだけではなくて採集もしてましたね。

K　先生を問い詰めるというのは気持ちいいですね（生徒笑）。採集生活というのは、森や海で食べ物を拾い集める生活のことですね。森の中で人間が、栗鼠と同じように「どんぐり」や「くるみ」や「栗」を拾って、それを主な食物にしていた時代もあったのです。

食べる・食べられる

S　あっ！　わかった！

K　何がわかったの？

S　いま、こわい話をしているということが。だって、このお話の中に出てくる「どんぐり」は喋ってるから、それを食べちゃうということは、とてもこわいことじゃないかって……。

K　いまの指摘は重要だね。それで？

S　うーん、それがわかっただけ。あっ、こわいなって……。

K　「それで」に行く前に、いままでの議論を整理してみよう。最初は、「好物」「好きなもの」「おいしいもの」「宝物」ということばで、「食べる」「食べられる」という関係を無意識のうちに押し隠してしまっていたわけですね。そして「食べる」「食べられる」関係に焦点をあてていったら、「どんぐり」が「食べられる」という話に行きつきました。「宝物」としての「黄金《きん》のどんぐり」は食べられないけれど、一升桝に入った「茶色のどんぐり」は「食べる」ことができます。

　しかも、一升桝という道具は、お酒やお米の分量を計るものだよね。一個二個と個別的に数えられない、液体や穀物の量を体積で測るわけです。桝で測られるのは、ほとんどの場合、人間の口に入るもの、つまり飲み物や食べ物です。ここにも、やはり「食べる」「食べられる」関係がくっきり現れていますね。

　そしていま、一気にこのお話がこわくなったのはなぜかというと、この「どんぐり」たちが、山猫の世界ではしゃべっていたということが、明らかになったからです。では、一番最初に紹介した宮澤賢治の広告文を思い出したうえで、もう一度聞きます。それで？
S　「どんぐり」たちって「学童」だよね。
K　そう、「学童」。学校の生徒たちだ。いつも成績や運動能力を「比較されている」学校の生徒のことだね。その「どんぐり」を一升桝にいれて「食べる」かもしれない一郎は？
S　同じ「学童」！
K　そう、そして君たちも「学童」（生徒笑）。君たちが君たちを「食べる」話なんだね。「学童」が「学童」を食べてしまうかもしれないお話が、「どんぐりと山猫」の中に隠れていたんだね。これで議論をしているみなさんの命がかかってしまうことになりました。あんまりこわくなったから、少し議論の角度を変えてみましょう。ほかのところが心にのこったり、ひっかかったりしている人はいませんか。

草地と坂、漢字と平仮名

S　一郎が山猫を追いかけているところで、「一郎が顔をまっかにして、汗をぽとぽとおとしながら、その坂をのぼりますと、にはかにぱっと明るくなって、眼がちくっとしました。そこは美しい黄金《きん》いろの草地で、草は風にざわざわ鳴り、まはりは立派なオリーヴいろのかやの木のもりでかこまれてありました」というところなんですけど……。最後の「黄金《きん》のどんぐり」とこの「黄金《きん》いろの草地」が、何か関係あるんじゃないかと思って……。何か特別な意味があるような気がして……。
K　「黄金《きん》」が重要なのですね。
S　頭の中で一郎が走っているところを思い浮かべて、「黄金いろの草地」と出会うところまで想像してみると、「その坂をのぼりますと」とあるので、どうしても「その坂」を登っているシーンがないとつながらないんですよね。

K　いまの指摘はするどい。「その坂をのぼりますと」というのは説明ですから、場面、つまりシーンの描写ではないですね。でも「黄金いろの草地」は、とてもあざやかな描写ですから、「その坂」についても描写が欲しいよね。こういうことに気づく能力を、文学的な感性だと私は考えています。そこで、もう一回本文を見てみましょう。本当に「その坂」のシーンはないのかな。「その坂」と指示語を使って書いてあるのだから、必ずその前に「坂」についての記述があるはずだね。

S　あっ！「真っ黒な榧《かや》の木の森」の中の道が「坂」なんだ。「榧《かや》の枝はまっくろに重なりあって、青ぞらは一きれも見えず、みちは大変急な坂になりました」というのはシーンだよね。あっ！でもこっちの「まっくろ」な「榧」は漢字だけど、「黄金いろの草地」の方は、「オリーヴいろのかや」で、平仮名になっていて、「いろ」も違う。

K　うわっ！文学的感性がどんどん鋭くなっていきますね。

S　あのう、漢字と平仮名のことでいいですか。

K　どうぞ。

S　一郎が歩いて行く方角なんですけど、っていうか、山猫の飛んで行った方角かな。栗の木は「ひがしの方」って平仮名で言うんだけど、一郎は「東ならぼくのいく方だね」って漢字で答えてます。次の滝は、両方とも「西」で、きのこのときは、きのこが「南」で、一郎が「みなみ」です。平仮名と漢字が違うと、なんか方角がぐちゃぐちゃしてる感じになる。

S　「東」と「ひがし」、「西」と「西」、「南」と「みなみ」、そのあと「みなみ」と「みなみ」になっているのだけど、「北」だけないのがちょっと引っ掛かる……。一郎はいったい、どっちの方向に歩いているのかな。

K　またこわい話になっていく予感がする。

S　あのう、いいですか。「北」って「北枕」と関係あるんじゃないかな。

K　えっ！「北枕」？　すごいことを知ってますね。ところで「北枕」ってどういうこと？

S　死んだ人は、「北枕」で寝かせるって聞いたことがあるんだけど、だから生きている人は「北枕」で寝ない方がいいって。

K　北は死の方角なんだね。

S　そういえば、二度目の「みなみ」の後に、「まっくろい榧の森」の「坂」を登っていくのだから、もしかしたら、この方角が、隠されている「北」なんじゃないかな。

K　やっぱりこわくなっている。「まっくろ」な漢字の「榧」の「坂」を登る。その方角がもしかしたら、死の方角の「北」かもしれないってことだよね。そういえば、古事記の中でも、生きている者の世界と死者の世界の間には、真っ暗な「黄泉平坂《よもつひらさか》」がある。「黄泉《よもつ》」は、死者の世界としての「黄泉《よみ》」のくにのこと。

S　坂道があって、すごい真っ暗な道で、それは死者の世界にいく坂で、一郎はこわくて登っていって、それで「黄金《きん》いろ」の世界に出るんでしょう。あれっ、一郎は天国に行っちゃったってこと？

S　じゃあ、一郎は死んじゃったわけ？

S　でも、死んだらお話は終わりだから、生きたまま、死者の世界にいったんじゃないかな。それで、「黄金《きん》いろ」のどんぐりが普通のどんぐりになるところで生き返ったんじゃないかな。

一郎の罪

K　またすごい話だな。「宝物」が「食べ物」になったところで生き返るわけね。でも、なぜ生き返ることができたんだろう。

S　あの、なんだっけ。山猫が言った「出頭すべし」という、次の裁判に出ることを断ったから。

K　どうして「出頭すべし」を断ると、一郎は生き返ることができるの？

S　山猫の命令に従わなかったからじゃないかな。「どんぐり」たちと一郎は同じ「学童」だけど、別な世界に住んでいる。「どんぐり」たちは、山猫に裁いてもらって、山猫に従ったから、死んじゃって、一郎の食べ物になってしまうでしょ。だから出頭しないって断れば、人間の世界に戻ってこれる。

S　でも「出頭」って、なんか一郎が被告になったような感じがする。

K　被告ってどういうこと？

S　罪を犯した人でしょう。あれっ？　でも一郎はどんな罪を犯したんだろう。

S　「どんぐり」たちを裁いたことが罪なんじゃないの？　一郎は山猫に、裁き方を教えてしまったでしょう。

S　裁かれる者が裁く者になり、今度は裁く者が裁かれる者になる……

K　なんだか、ほとんど哲学的な話になっちゃったな。でも、一郎はなぜ裁かれなければならないんだろう。

S　「どんぐり」たちは、一郎の入れ知恵したことばで山猫に裁かれて、おみやげになって一郎に持っていかれたんだよね。

K　そうだね。

S　だったら、山猫に裁かれた「どんぐり」たちを、一郎は食べることになるかもしれないでしょ。さっきの「学童」が「学童」を食べちゃうっていう話とつなげると。

K　こわい、こわい。

S　じゃあ、裁かれた「黄金いろ」の「どんぐり」たちは、人間の世界に入ったところで、殺されたから、「茶色」に戻っちゃったことになるの？

S　じゃあ、裁かれただけじゃなくて死刑執行されちゃったことになるね。

K　一郎が何気なく山猫に言ったお説教の中の

ことばのために、「どんぐり」たちは死刑にされて、それを一郎は食べてしまうかもしれない、ということだね。

S　「学童」が「学童」を食べるということは、人間が人間を食べることになるんだから、それで一郎は裁かれることになるのかな。

K　それも一つの理由だね。山猫の世界で「どんぐり」食べちゃったら、人肉食になっちゃうよね。それは絶対裁かれるし、生きて戻ってこれないかもしれない。

T　それから、一郎が「どんぐり」たちを裁いたのは、自分のことばではなく、説教で聞いたことばによってですよね。ということは、自分の意志ではなくて、他人から、あるいは大人から、上から押しつけられた形式で裁いてしまった。そのことが、結果として「どんぐり」たちにとって死刑宣告になり、死刑も執行されてしまった。でも一郎は、そのことに全然気がついていない。そこに大きな罪があるんじゃないですか。

K　あっ！　また先生が介入してきましたね。

T　自分より上の人の権威を借りて、「どんぐり」たちを裁いたのが罪なのだと思います。

S　「どんぐり」たちは、自分の良さを一所懸命主張していたのに、一郎はそれを全部否定してしまうような裁きのことばを、人から借りて言ってしまったんだ。

S　でも、「頭のとがってるのがいちばん偉い」とか「大きなのがいちばん偉いんだよ」っていうのは、本当に自分のよさの主張なのかな。自分のことだけだったら「いちばんえらい」とか言わないんじゃないかな。

K　大事な意見が出てきましたね。

S　そうね。なんか個々にじゃなくて、全体にっていう感じ。

S　でも、「大きい」とか「とがってる」とかは、全体ということでもないと思うけど。

K　難しいね。個々でもなければ全体でもない。それってなんだろう。

S　それが学校社会なんじゃない。

K　そのとおりだけどさ、それだけボロッて言っちゃうと、身も蓋もなくなるんだな。

S　なんか、無理に差をつけようとしてる。

S　人と人とを比べて、優劣をつけようとしている。

K　比べて、が大事。そう言えば賢治の広告文には、「必ず比較されなければならない今の学童たちの内奥からの反響です」とあったよね。

T　一つの物差しで計ろうとしている。

K　わっ、また教師だ!

何のための物差しか

S　あっ、そうか。「大きい」かどうかという物差しがあれば、「いちばん」は決められるし、「とんがっている」という物差しがあれば「いちばん」が決められる。

S　「どんぐり」たちは、自分に都合がよくて、他のみんなを比較できる物差しの選び方でもめてたんだ。

S　じゃあ、「いちばん偉い」を決めるには物差しがないとだめだっていうこと?

S　それが学校社会なのです。(生徒笑)

S　でも「せいの高いこと」が「偉い」なんて物差し作られたら、やっていけない……。

S　でも、けっこうそういうのない?　一年生で三センチしかのびなくて、すっごく落ち込んだとか。

K　なんで、学校で人の体格とかを比べて「偉い」「偉くない」って決めるような雰囲気があるんだろう。

S　使えるか、使えないか。

K　どんなときに?

S　バスケットの試合とかに……

K　でも、みんながバスケットの選手になるわけじゃないし……。

S 昔とかだったら、兵隊に使えるか使えないかってこともあったんじゃない。

K またこわくなりました。誰と比べて？

S 外国の人。アメリカ人とか、イギリス人とか……。

K ああ、西洋の人と比べると、日本人て背が低いもんね。兵隊だったら、背が高くて大きい方が強そうだし……。

S 「背が高く」て「大きい」のが殺して、背が低くて小さいのが殺される。

S 「どんぐり」より一郎の方がずっと背が高いし、大きい。

S でも、一郎が言ったのは、「このなかでいちばんばかで、めちゃくちゃで、まるでなってないのがいちばん偉い」ってことでしょう。

K でも、山猫は言い換えてるね。「このなかでいちばん偉くなくて、ばかで、めちゃくちゃで、てんでなっていなくて、あたまのつぶれたやうなやつが、いちばん偉いのだ」

S 「いちばん偉くなくて」っていう奴が、「いちばん偉い」なんてことは絶対ないよな。ありえないことを言っている。

K そういう状態をパラドックスと言う。

S パラドックスってどういうこと。

S ホントがウソで、ウソがホントっていうことじゃないのかな。

K そういうことだね。一郎は、この中で一番ばかでめちゃくちゃで、まるでなっていないようなのが一番偉いと言ったわけで、山猫のように、「偉くない」者が「偉い」とは言わなかったよね。普通の価値観だと、一番低いと思われている者が「偉い」というのが一郎のことばです。

S あっ、それって山猫の「馬車別当」のこと？

K そうかもしれないね。馬車別当は障害を持っている人で、徹底して差別的に書かれていたね。一郎のことばがそのまま判決になっていれば「馬車別当」が「偉い」人になったかもしれません。

S　偉い人って聞くと、好きじゃないんだけど……（顔の前で強く手を横に振る。生徒笑）。

K　その手はすごい拒否反応を表してますね。これが「自由の森」のノリかな。

S　だって「偉い」って言っても、何がどう「偉い」かって全然わからないんだもん。

K　いまの発言は大事だね。「偉い」っていう抽象的なことばは、中味がないから、何を基準にしているのかわからないね。

S　だから、「どんぐり」たちは、その基準の物差しを決めてもらおうとした。

S　自分たちで決めればよかったのに。

K　どうして「どんぐり」たちの世界の中で決めずに山猫に頼んだんだろう？

S　私が勝手に「偉い」って思っちゃっている部分は、よく考えてみると、別に「偉くない」からじゃないかな。

K　そう。抽象的な価値の基準は、その世界の中では決められなくて、外の権威に頼らなければならないわけだね。

なぜ「偉い」かわからなくても

S　「偉い」「偉くない」とは直接関係ないかもしれないけれど、気になっていることが……。

K　いいよ。自分のそのこだわりは大事にして。もう、私はほとんどファシストの教師になってますからね（生徒笑）。持っていきたい方に話を持ってこうとしてますから。

S　さっき誰かが言ってたけど、一郎は山猫に「出頭」ということばで命令されたから断ったんじゃないかな。どんぐりたちが、誰が「偉い」かって競っているのを、山猫は「偉くない」奴が「偉い」ってながしたのに、結局自分は、一郎より「偉い」ってことを示すために「出頭」せよっていうことばを使おうとしたんじゃない？　命令できる人は、あらかじめ「偉い」んだもん。なぜ「偉い」かがわからなくても……。

S　学校では先生が命令する。なぜ「偉い」のかわからないのに（生徒笑）。

S　軍隊では上官が命令する。

S　裁判官は原告と被告に命令する。

K　「どんぐりと山猫」が書かれた時代に、先生や軍隊の上官や裁判官より「偉い」人は誰？（しばし沈黙。チャイムが鳴る）この沈黙で終わろうか（笑）。

S　天皇とか？

K　あっ！　私たちはものすごく危ない議論をしています。宮澤賢治の時代であれば、ここで一斉逮捕ですね、これは（生徒笑）。全員で非国民になっています（生徒笑）。だって、「偉い」ということには、具体的で確実な根拠がなくて、一つの世界の中で「偉い」という基準を決めようとすると、必ずその世界の外の、より大きな権威が、後ろ盾として必要になる。「どんぐり」にとっては山猫で、山猫にとっては人間の一郎で、一郎にとっては学校の先生や、説教をするお坊さんで、という連鎖になるよね。

一郎が大人になって軍隊に入ったら上官で、「出頭」せよに応じて裁判所に行ったら裁判官で、その後ろ盾は天皇で……。天皇がなぜ「偉い」のか、その根拠はない、という議論を私たちはしてしまったわけですね。

「どんぐり」たちは、背が高いとかとんがっているというような、「偉い」「偉くない」と差別する具体的な基準を決めるよう要求していました。もしそれが決まって、その根拠は？　と問いかけられたら、それが根拠のないものであることはすぐにバレてしまいます。山猫は自分の権威を維持するために「偉くない」のが「偉い」という言い方で「どんぐり」たちの問いかけに対して問答無用という判決を下したのです。これは「どんぐり」たちにとって死刑宣告であると同時に、死刑の執行でもあったのです。なぜなら、一人一人が、あるいはそれぞれの地域の集団が、自分あるいは自分たちなりの価値基準を持つことが外から来た権力によってつぶされてしまえば、それまでの価値観で生きていくことはできなくなるからです。金色の「どんぐり」が死に、茶色の「どんぐり」になり、一個一個ではなく、升で計られるのもそのためです。

学校や軍隊の中で、それまで暮らしてきた個人としての価値観、家庭や地域の中で形成された価値観を否定され、根拠のない権威に服従することを教えられる。そのことによって、天皇の名において人を殺し、自らも死に向かって突き進んでいく兵士たちがつくられていった。それが、学校や軍隊という装置をつくった近代の歴史、日本で言えば明治維新以後の歴史です。

また植物である「どんぐり」より、動物である山猫が「偉く」、その山猫より人間の方が「偉い」と考えるのは、十九世紀の中頃に発表されて多くの人々の常識になったダーウィンの進化論の考え方のゆがんだあらわれです。

そして、こうした問題の一番底に、食うか食われるかという生き死にの関係が潜んでいることも今日の話し合いの中で明らかにされました。森の中ではどんぐりが栗鼠に食べられ、栗鼠は山猫に食べられるという食物連鎖があり、それは人間の世界とは別な連鎖です。でも、人間の世界で冷害や台風の被害で農作物がとれなかったら、人間は栗やどんぐりをとって食べるしかありません。そうすると栗鼠の食べ物がなくなり、栗鼠がいなければ、山猫の食べ物がなくなり、山猫は里へ出てきて、人間の食べ物の残り物であった塩鮭の頭を盗もうとし、人間に鉄砲で撃たれるかもしれません。山猫のはがきにあった「とびどぐもたないでくだざい」というのは、そういうことかもしれません。みんなの演奏に私なりの演奏をかかわらせてみました。今日のジャズ・セッションはこれで終わり。どうもありがとう。(拍手)

授業をセッションとして

それぞれの楽器奏者がアドリブでジャズ演奏することを「ジャズ・セッション」と呼ぶことが、正しい言い方なのかどうか、私はよく知りません。もしかしたらいまどき使わない言葉なのかもしれません。アメリカからの留学生とは、「授業」という意味でごく普通に「セッション」を使っていますが、これはイギリス英語ではわりといかめしい意味を持っていて、たとえば議会の「開会」や「開期」、裁判所の「開廷」や「開廷期間」という場合に使われます。その意味で、「どんぐりと山猫」という「裁判」小説を題材にした「授業」には最もふさわしい名づけ方かな、と思って「セッション」ということばを使用してみたわけです（もちろんくだけた言い方として「討論」などを意味することもあります）。

私が「セッション」ということばが好きなのは、「座ること」が語源になっているところです。しかも、この「座ること」が必ず複数の人々によって担われていて、この複数の人たちの「座っている状態」が続いている時間の流れを同時にあらわしていることばでもあるのです。つまり、ことばを「交通」させている人々の身体のイマージュが、あるゆったりとした時間の流れの中に浮かびあがってくる気持ちになる、そういうニュアンスを「セッション」ということばが持っている、と私は勝手に思い込んでいるわけです。

「示す」とか「指す」という、とがった意味を内包する「ティーチ」＝「教える」という行為の中から、ことばとのかかわりは生まれてこないのではないでしょうか。

ある言語を「教える」、「国語」を「教える」という強迫観念にとりつかれると、人と人との間を「交通」する媒体であるはずのことばが、あたかも知識の体系であるかのように思えてしまいます。その瞬間に、「正しい」ことばと「まちがった」ことばという差別が持ち込まれることになります。すると、「国語」としての「日本語」が、あたかもゆるぎのない一つの制度的な体系としてすでに存在しているかのような幻想が生み出されていきます。この幻想にとりつかれると、「日本語」を本当に理解するためには、あるいは正しく使用するためには、脈々とその背後に流れている「日本文化」や「日本事情」を知らなければならないという、文化本質主義におちいることになるのです。

ここまで来ると、かつてアイヌ・モシリや琉球列島で展開された、言語的かつ文化的な「同化」主義、台湾や朝鮮半島で展開された「皇民化」政策まであと一歩、ということになりかねません。私自身は、言語や文学は「教える」ことのできる領域ではないと考えています。もう少し正確に言うと、まず何かを「教えなければならない」という強迫観念から解放されたいと願っています。

たしかに、ある言語の語彙や文法、文字の綴り方や判読の仕方を「教える」ことは可能です。しかし、それはことばそれ自体を「教える」ことではないと思います。

自分が生まれた家族や地域の中で、ことばを習得している時の流れの中に身を置いている子どもたちは、ギャーギャー泣きわめくだけでは、ことばを操る人間しかいないその場で生き残っていけないからこそ、獲物をねらうようにことばを獲得していくのだと思います。ただその時期の記憶を、うまく思い起こすことができないために、大人になると、最初に獲物に飛びかかっていったときの身のこなし方を忘れてしまうのです。

ですから、まず「座ってみること」、ことばを「交通」させる現場の座に着いてみること、からはじめたいと思うのです。「座ること」をとおして、せかせか歩いたり、走ったりといった、目的地へ自分だけ移動しようとする身体の在り方から自由になり、複数の人々とともに、どこへ行くかわからないことばの「交通」が行われている時の流れの中に、自らの身体を開いてみたいのです。

「セッション」としてのことばの「授業」。はたして、三つの事例が、そうなりえているかどうか、現在の私にもはっきりした判断はできません。けれども、そのときどきの一回限りの実践、その場で子どもたちが発話した、いまではもうどこか彼方へその波動が消えてしまった声と声を、こうして文字に再現してみると、私の記憶の中から、彼女や彼の、声と身体の像が、くっきりと浮かびあがってきます。それと同時に、その瞬間の私自身の身体の感覚も、泡立つようによみがえってきます。

思えばことばの「授業」を「セッション」として実践している時間の流れの中では、あるときは八歳の頃のロシア語をしゃべっていた私が突然あらわれたり、また次の瞬間には十六歳のときのマイクを握っていた私になり代わったり、という自分自身の中で連続性を持ちえない複数の「私」が、入れ替わり不意打ちのように登場してくるのです。いま、ここに「座っている」私の中では、複数の過去の自分が、前後の脈絡なく、駆け出したり、蹴つまずいたりしているのです。そして勝手放題に、同じ場に「座っている」、彼女や彼らとことばを「交通」させようと主導権争いをはじめてしまいます。

ここまで書いてきたことばの連なりは、いつでも現在の私に不意打ちをしかけてくる野放図な、私の中の「私たち」に、とりあえず年譜的な時間の流れを設定して、所定の位置についてもらっただけのことです。

きっと、万年筆を置いた瞬間（私はまだ肉筆で原稿を書いています!!）、私の中の「私たち」は、またもや好き勝手な記憶の場所に戻り、今度はいつ出てこようかと、不意打ちのチャンスを虎視眈々と狙っていくに違いないのです。次の「セッション」に向けて。

あとがき

自分の言語形成過程について一冊の本を書いてみませんか、という提案を受けたときには、正直言って、そんな恥ずかしいことはとてもできません、と断ってしまうつもりでした。

たしかに、中年と言われる年齢に達してから、私は対談や座談会の雑談のときや、自分の本の「まえがき」や「あとがき」などで、小学校時代の教育をプラハの旧ソ連大使館付属学校で受けたので日本語は苦手なんです、といったことを、おりにふれて発言するようになっていました。

ふりかえってみると、三十代の半ば頃までは、他の「日本人」と異なった自らの「日本語」とのつきあい方について、できることなら話したくないし、ふれたくない、という気持ちがとても強く働いていたように思います。

それだけ私の中に、「ふつうの日本人」が話す「日本語」に対する劣等感があり、同時にその劣等感を押しかくして、「ふつうの日本人」のふりをしたい、あるいは、それなりにすぐれた「ふつうの日本語使用者」のふりをしたい、という願望が強くあったからでしょう。

つまり、私は、どこかに「ふつうの日本人」なるものが存在し、その人たちの操る、私には手のとどかない「ふつうの日本語」があるのだ、という幻想にずっと脅かされてきたのかもしれません。そして、その怯えのために、過去の自分とは縁を切ったそぶりをしつづけていたのです。

しかし、ある時期から、それは八歳のときの私であったり、十六歳の私であったり、そのときどきで様々なのですが、縁を切ったはずの過去の自分が突然不意打ちのように、現在の自分に異議申し立てをしてくるようになりました。

かならずしも、そうした切り捨てたはずの過去の自分との連続性を見い出せないにしても、少なくとも対話ぐらいはしてみようと思うようになってから、自分の言語形成過程についての発言をするようになりました。

けれども、あるときは、その行為が自己保身のためであったり、またあるときは、その場におけるある種の特権性を得るためだったりと、あとになってから強い自己嫌悪におちいることもたびたびありました。もちろん「あっ、また小森の自己神話化がはじまった！」と素直に指摘してくれる友人もいるわけですが、どうせ「神話」なら、どこかで文章にしておいて、あとは読者の批判にまかせるしかないな、と思うようになり、この本の仕事をお引き受けすることになったのです。

しかし、実際に書き出してみると、自分を正当化したり美化しようとする、現在の「私」のいやらしい自己弁護ばかりに直面することになり、とても苦しい作業になりました。そうしたいやらしさもふくめて、読者のみなさんの判断をあおぐしかない、という気持ちで、校正刷りを手放した結果が、この本です。

「ふつうの日本人」や「ふつうの日本語」という幻想から、私たちが自由になり、各自の個別的な言語実践を肯定できるようになることを心から願っています。

最後に、この苦しくもあったけれども、様々な自分と向きあう実践の機会を与えてくださり、手書き原稿を数枚ずつ受け取りつづけてくれた大修館書店の日高美南子さんに深く感謝いたします。そして、この本に登場してくるすべての人々にも。

二〇〇〇年三月

小森陽一

［著者紹介］

小森陽一（こもり・ようういち）
1953年東京生まれ。北海道大学文学部卒業、同大学院文学研究科博士課程修了。現在、東京大学教養学部教授。専攻は、日本近代文学
著書に『文体としての物語』（筑摩書房、1988）『構造としての語り』（新曜社、1988）『読むための理論』（共編著、世織書房、1991）『縁の物語―「吉野葛」のレトリック』（新典社、1992）『漱石を読みなおす』（ちくま新書、1995）『出来事としての読むこと』（東京大学出版会、1996）『最新宮沢賢治講義』（朝日選書、1996）『〈ゆらぎ〉の日本文学』（NHKブックス、1998）『ナショナル・ヒストリーを超えて』（共編著、東京大学出版会、1998）など。

小森陽一　ニホン語に出会う

初版発行―――2000年4月10日

著者――――小森陽一
発行者――――鈴木荘夫
発行所――――株式会社大修館書店
〒101-8466 東京都千代田区神田錦町3-24
電話 03-3295-6231（販売部）/03-3294-2356（編集部）
振替 00190-7-40504
［出版情報］http://www.taishukan.co.jp

装丁者―――南　伸坊
印刷所―――壮光舎印刷
製本所―――牧製本

ISBN4-469-22151-1　　Printed in Japan